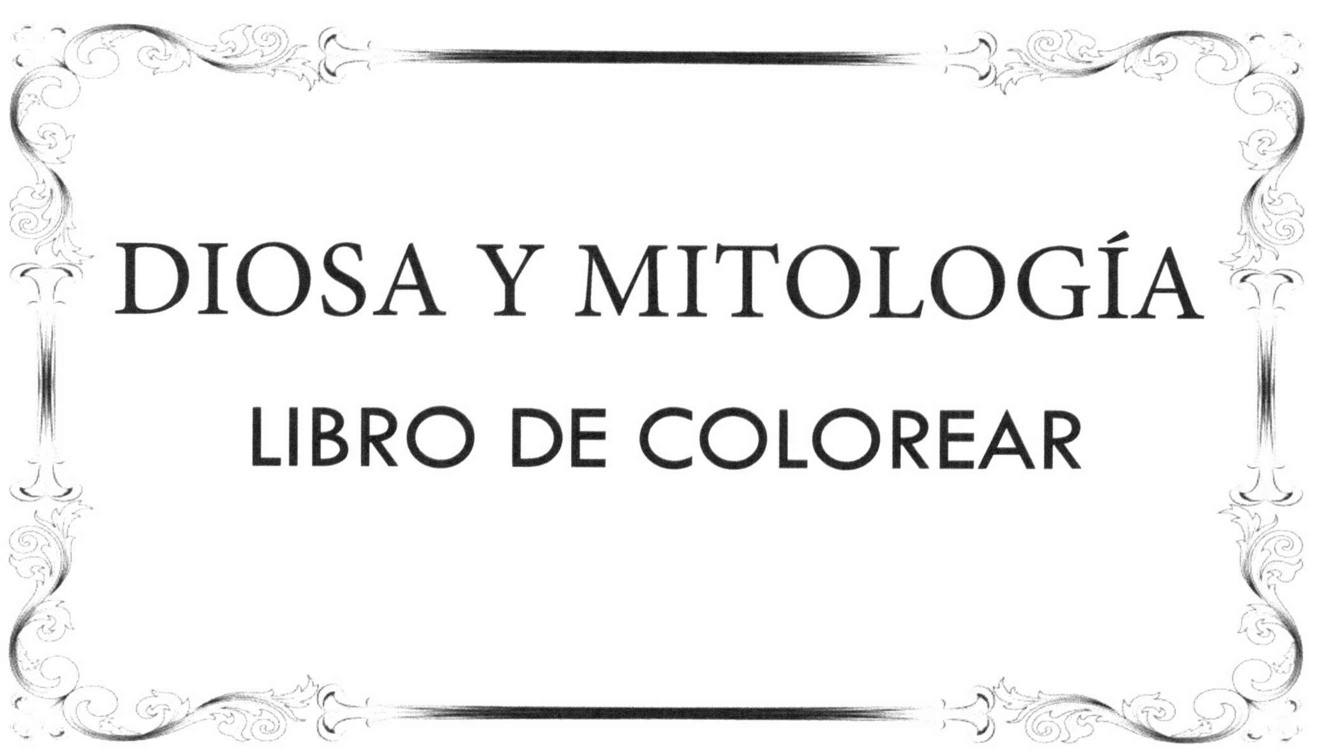

# DIOSA Y MITOLOGÍA

## LIBRO DE COLOREAR

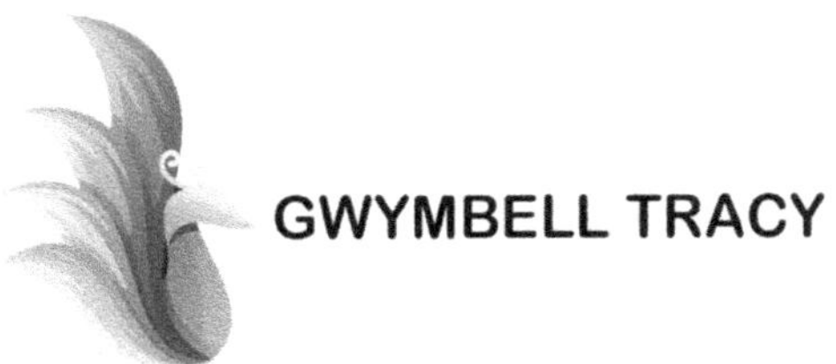

GWYMBELL TRACY

**¿Tiene usted alguna pregunta? Haznos saber.**

gwymbelltracy@gmail.com

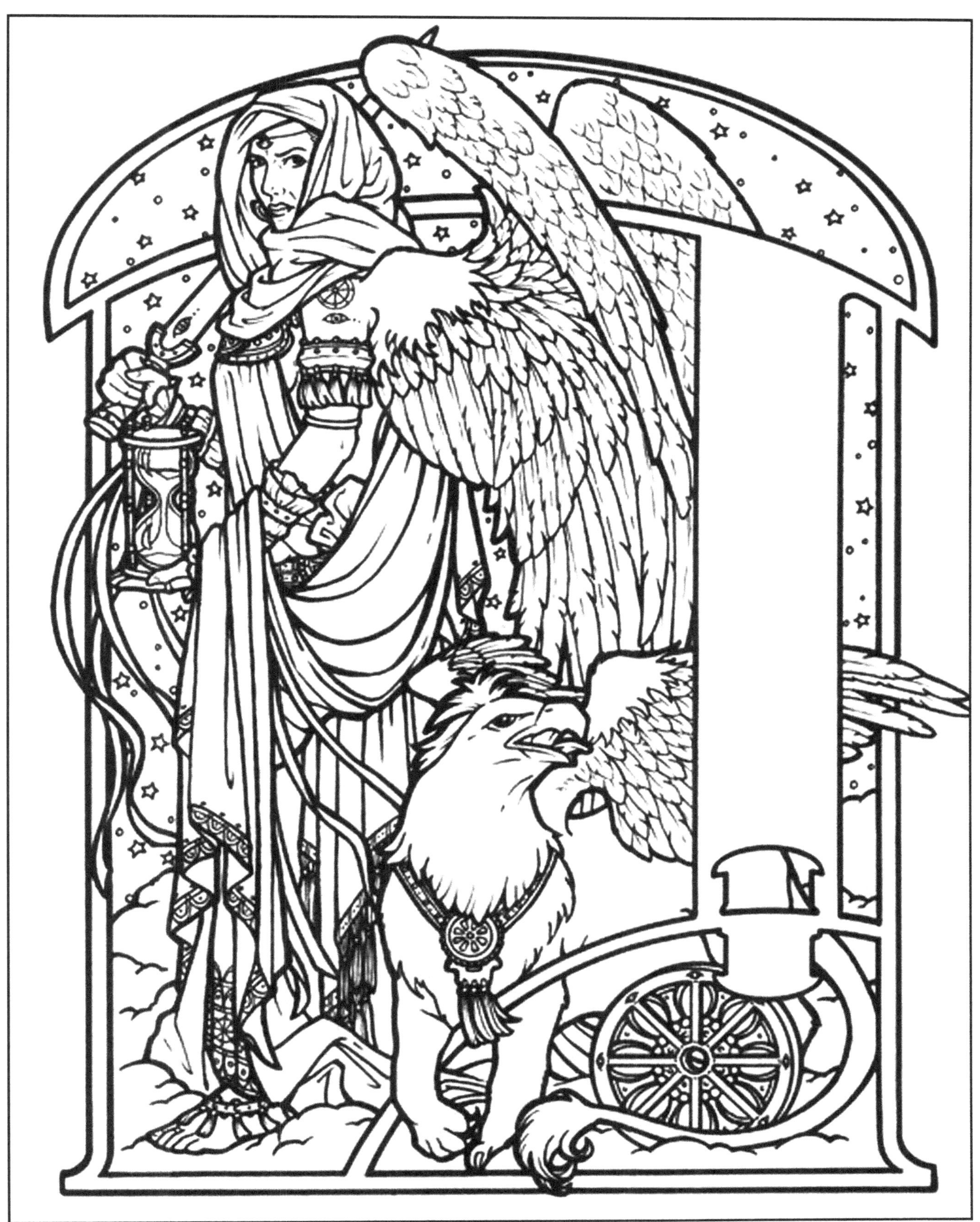

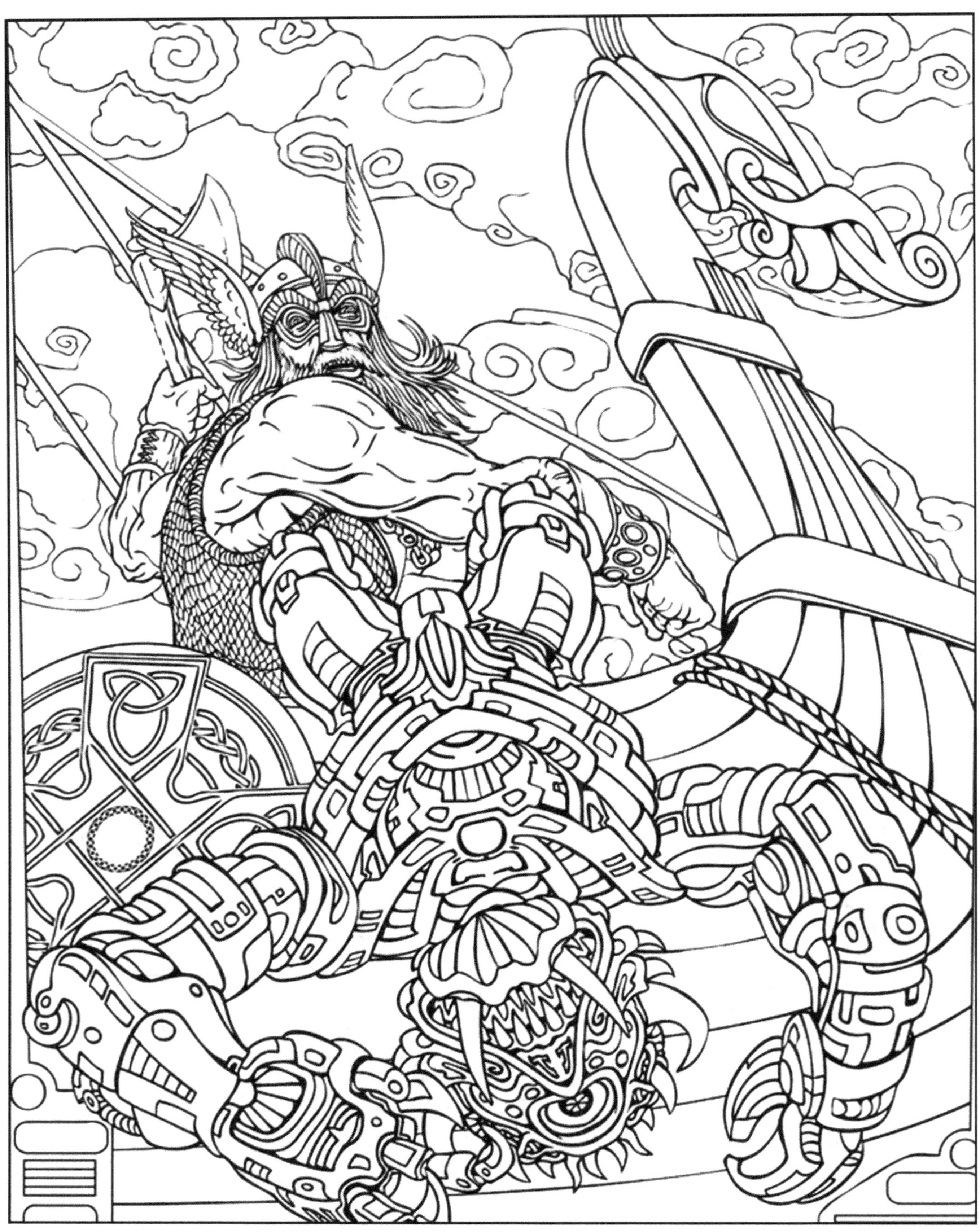

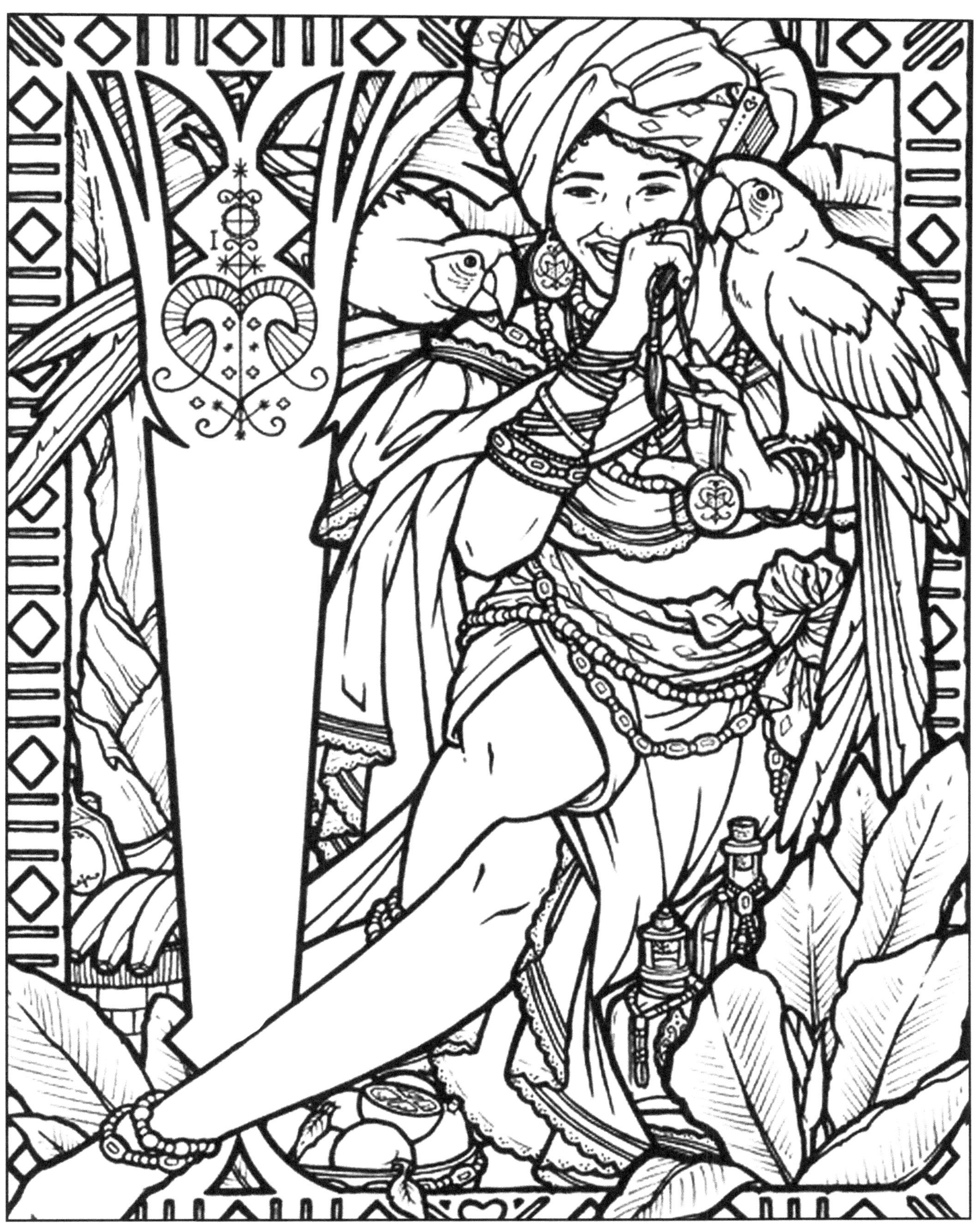

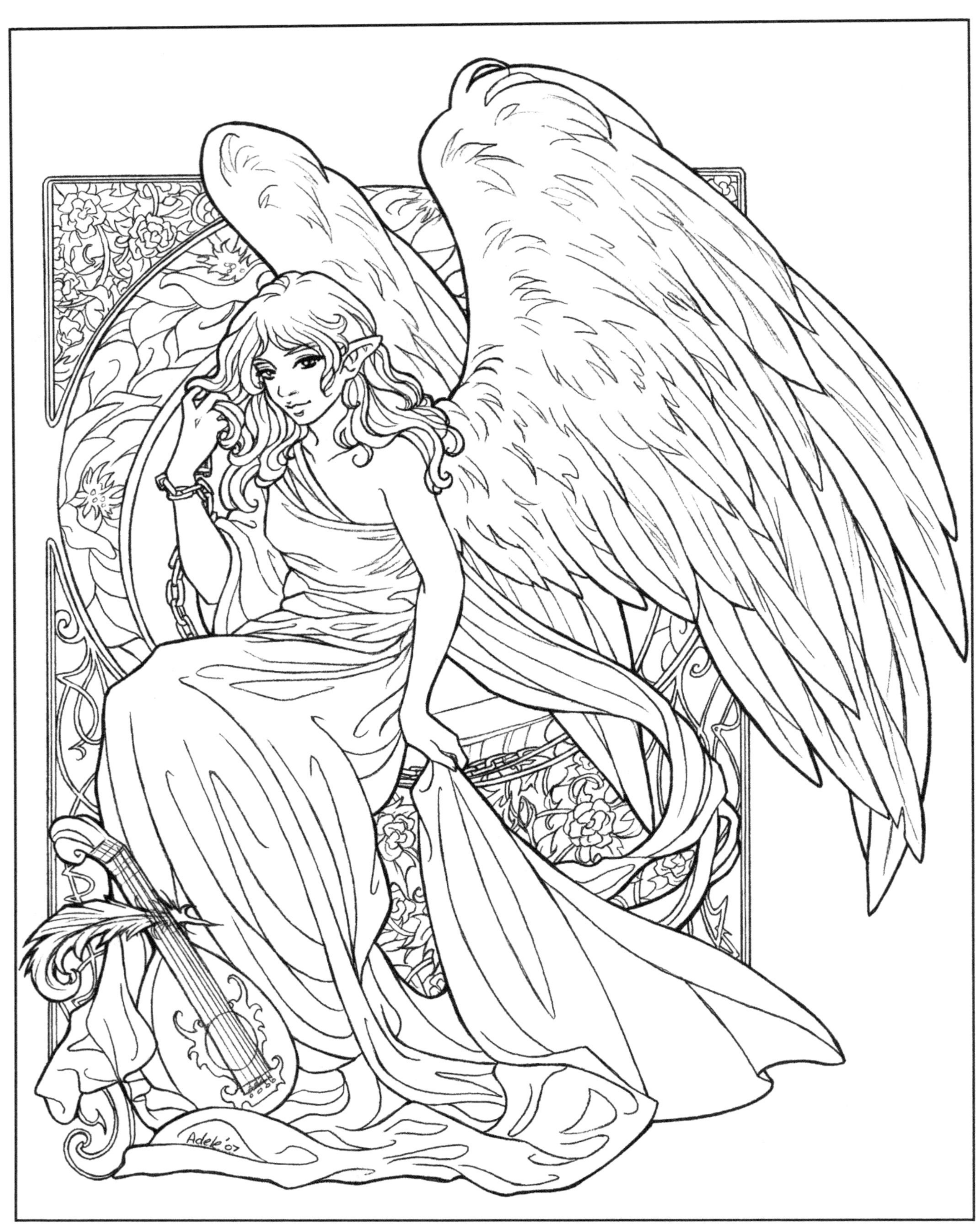

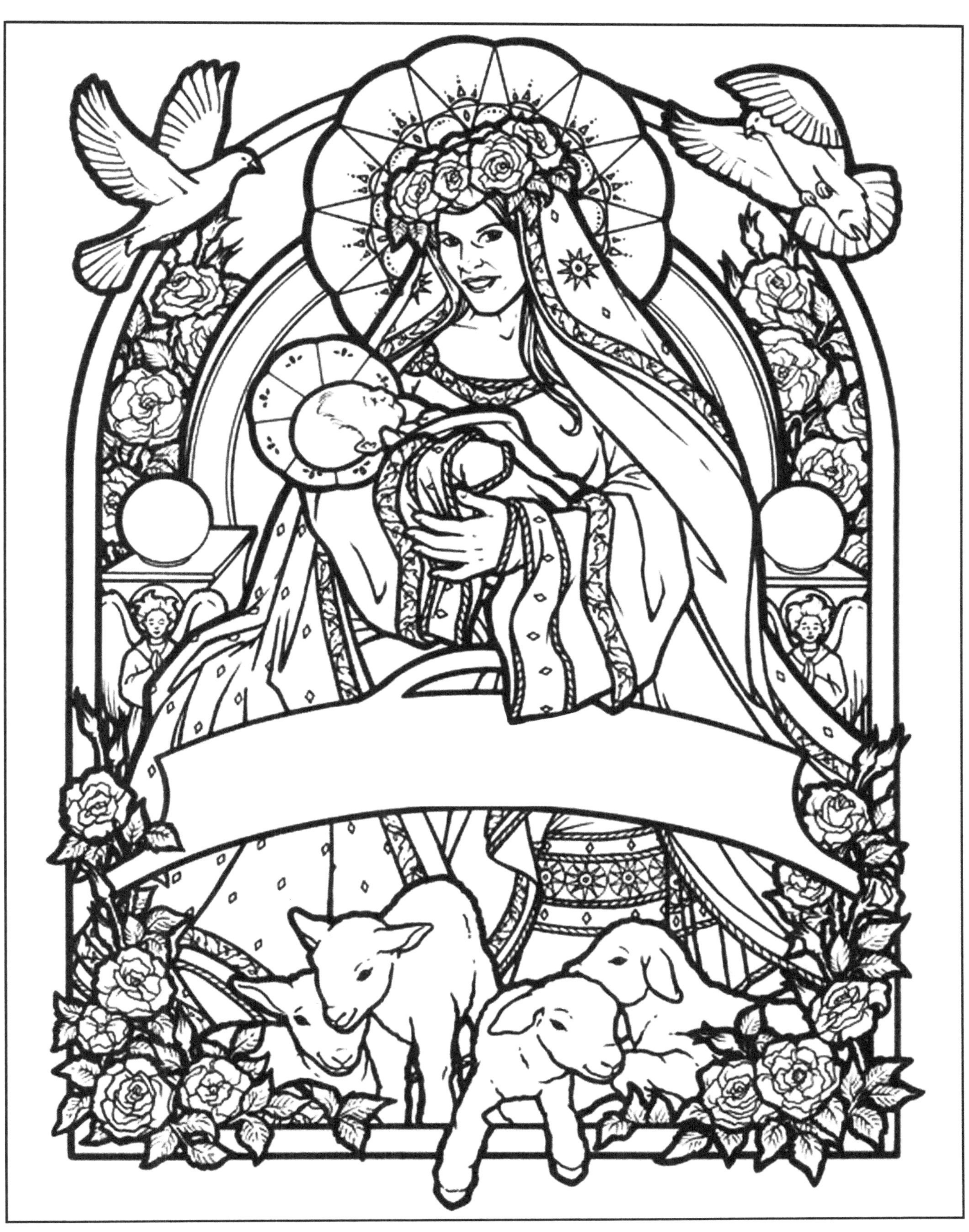

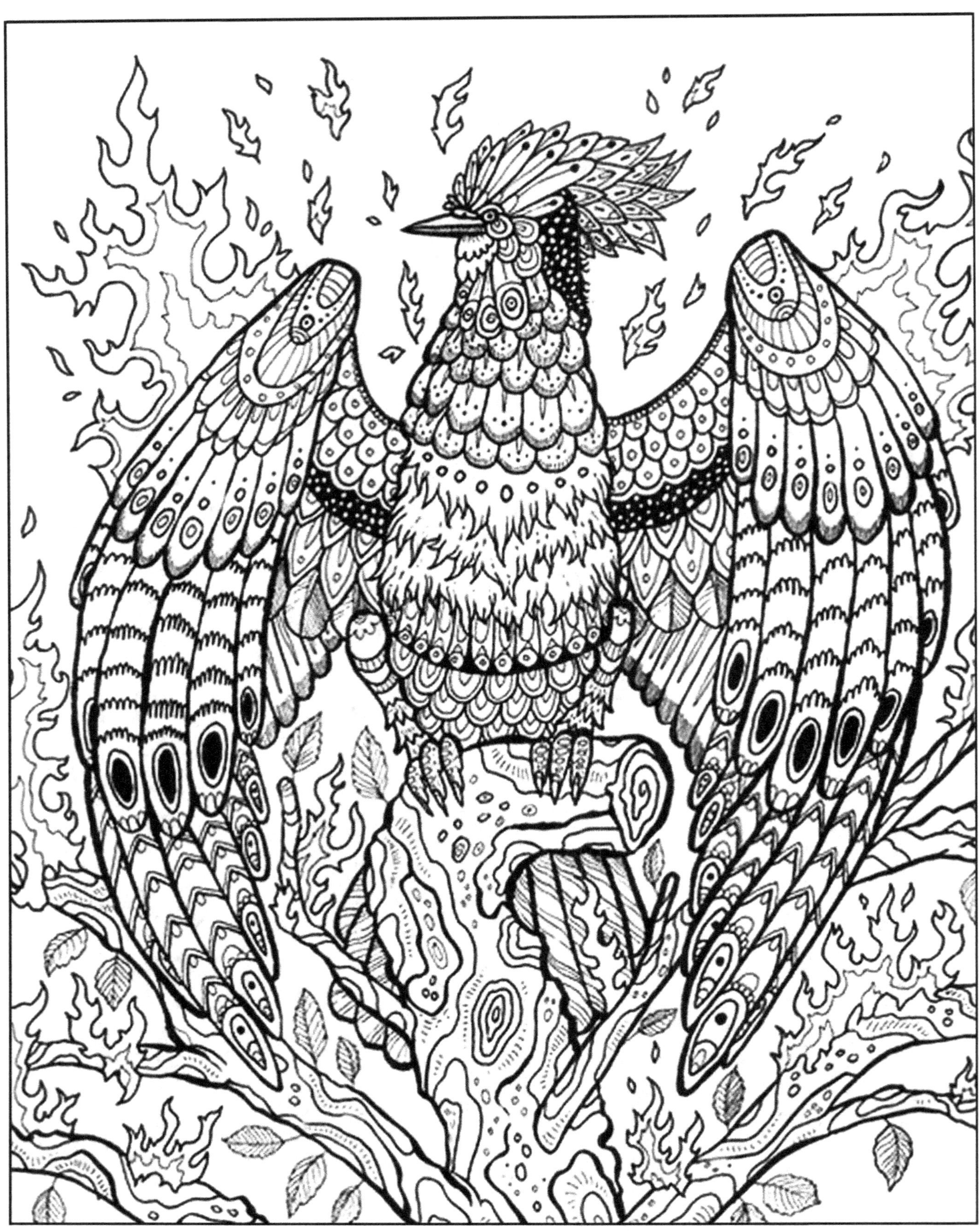

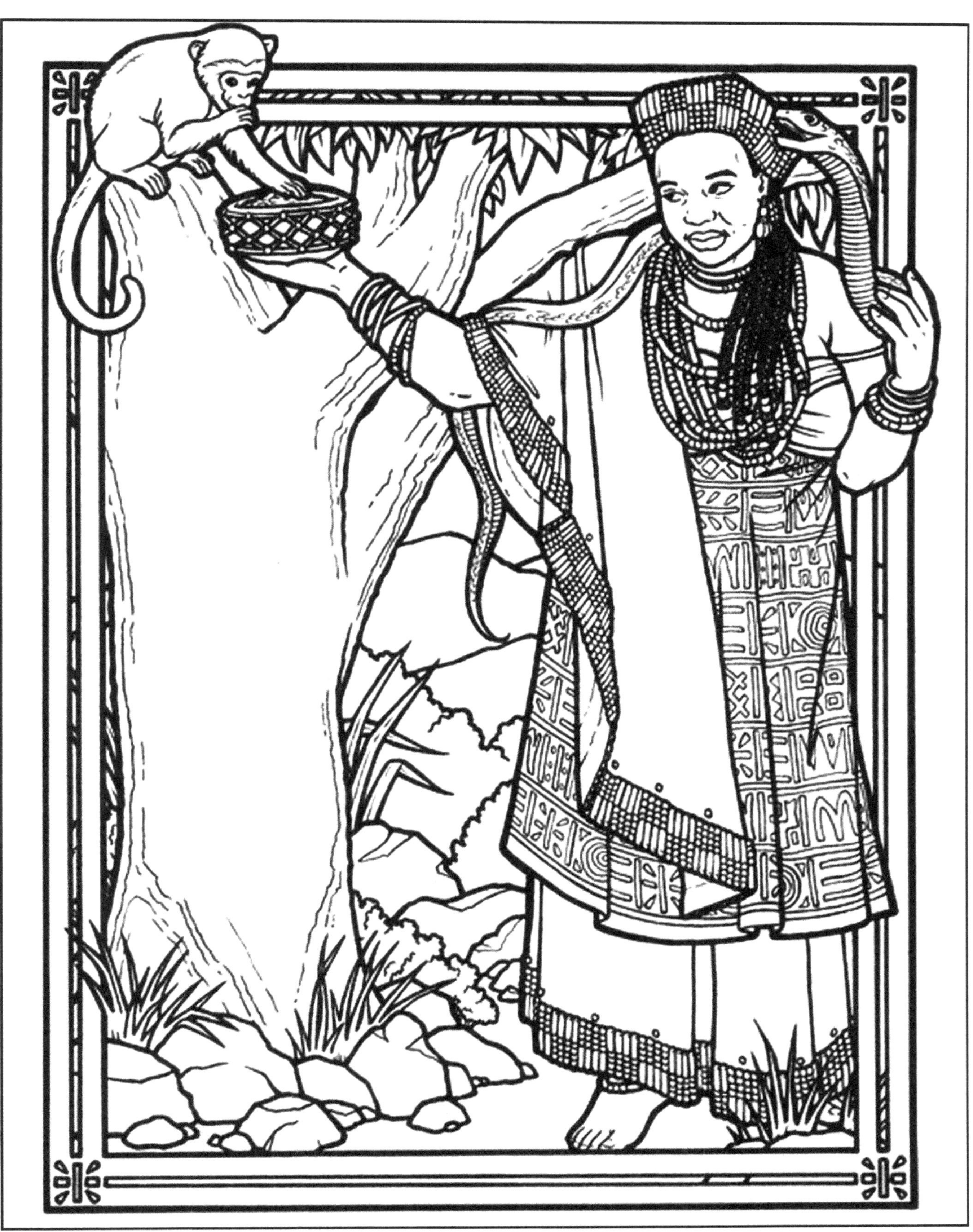

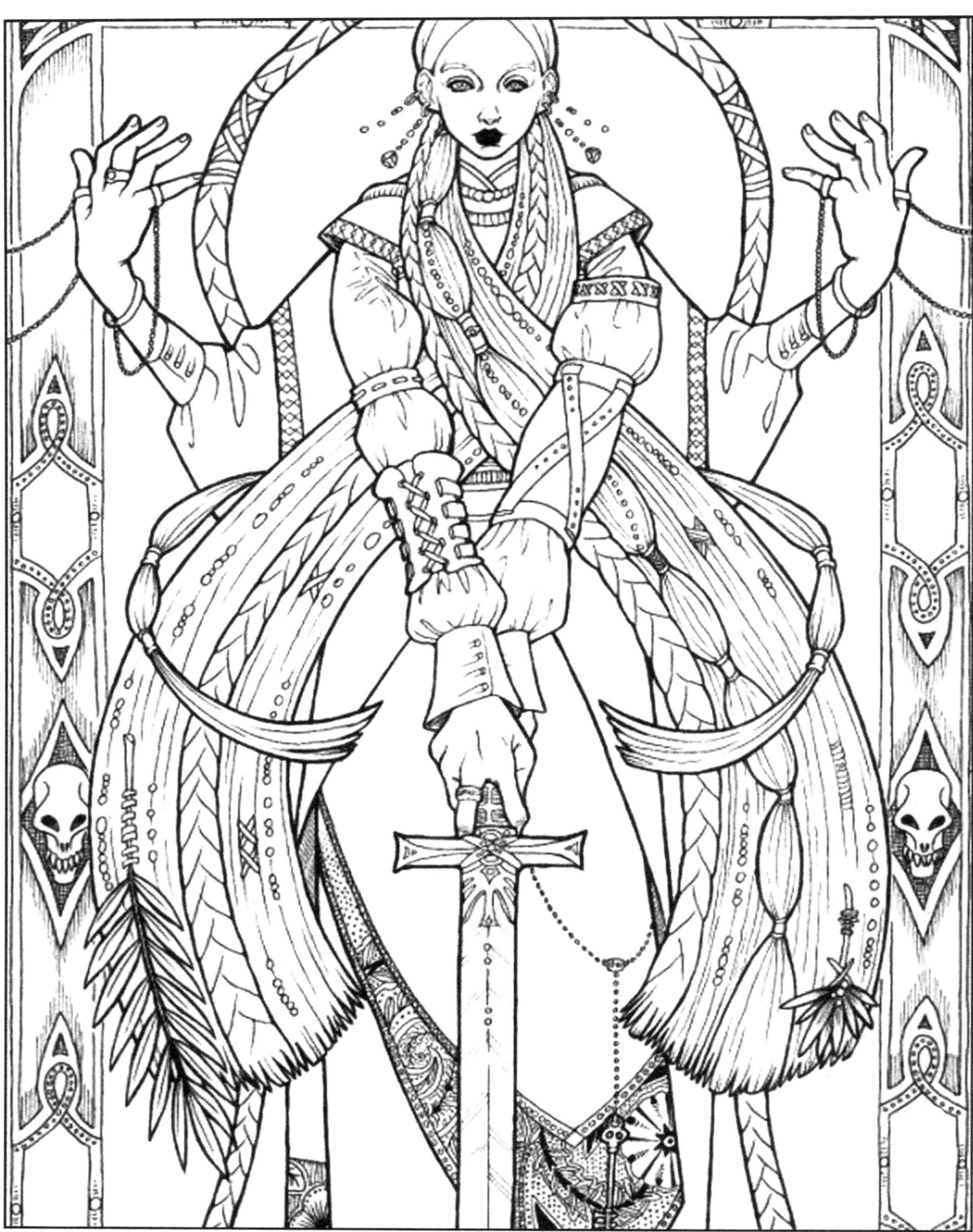

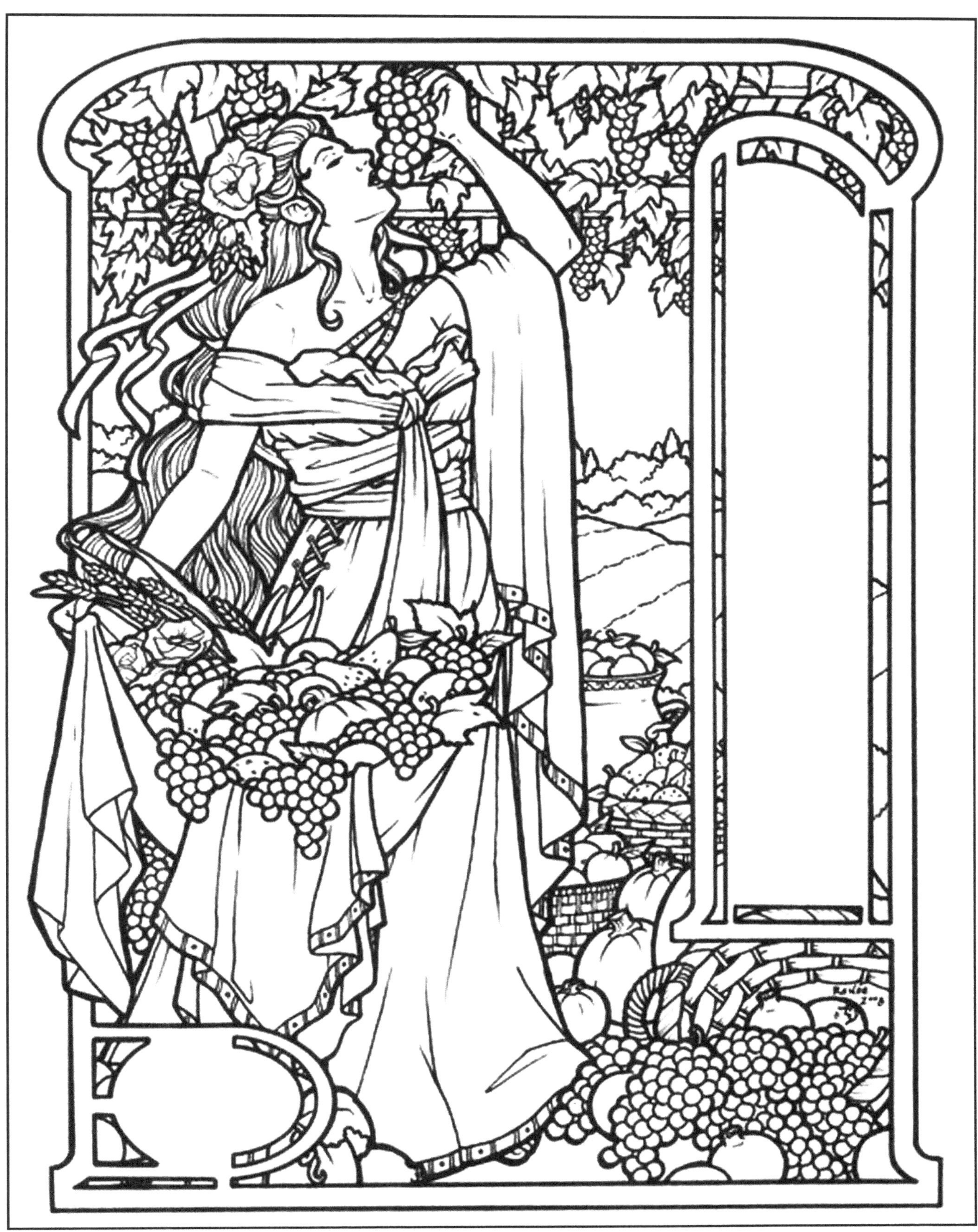

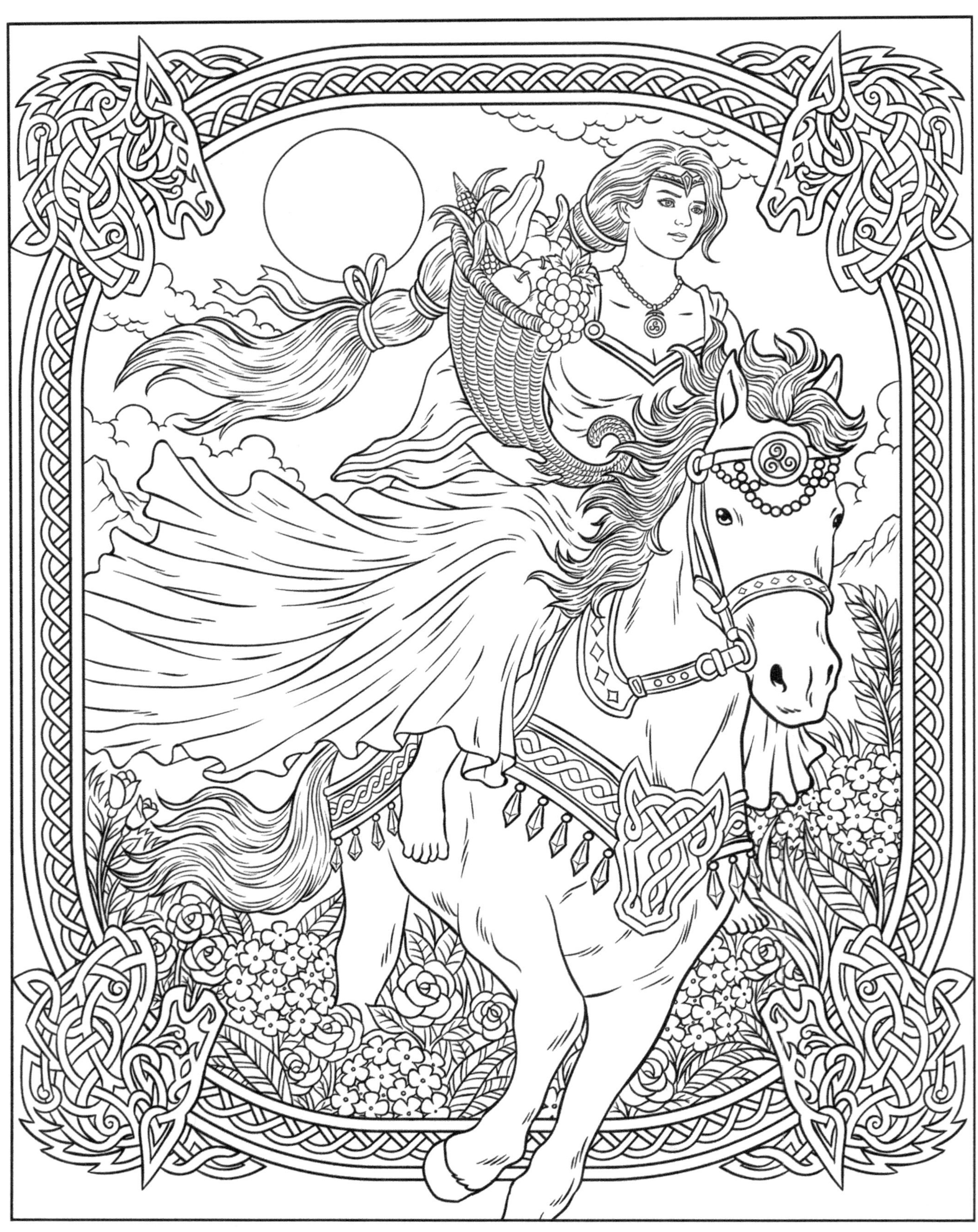

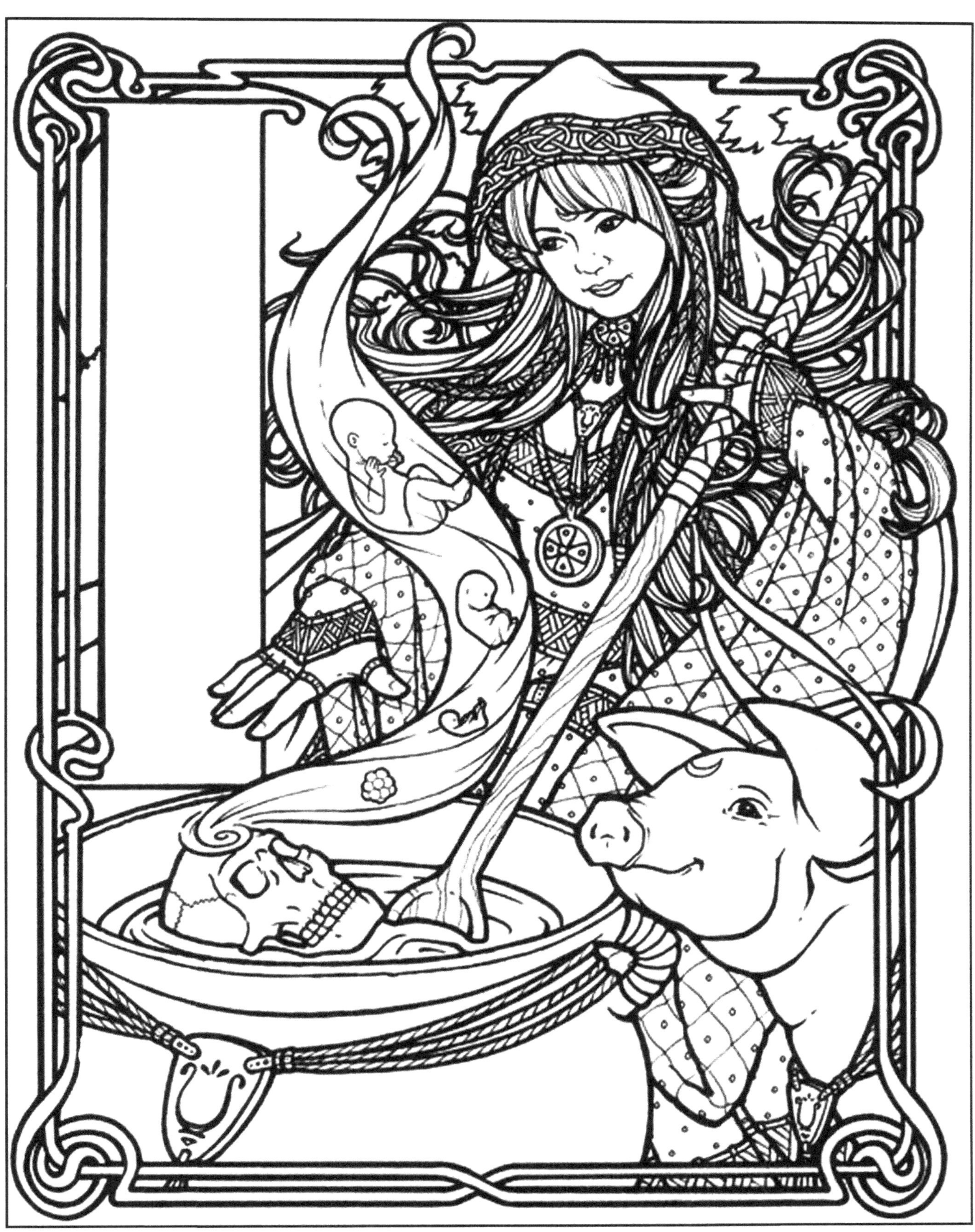

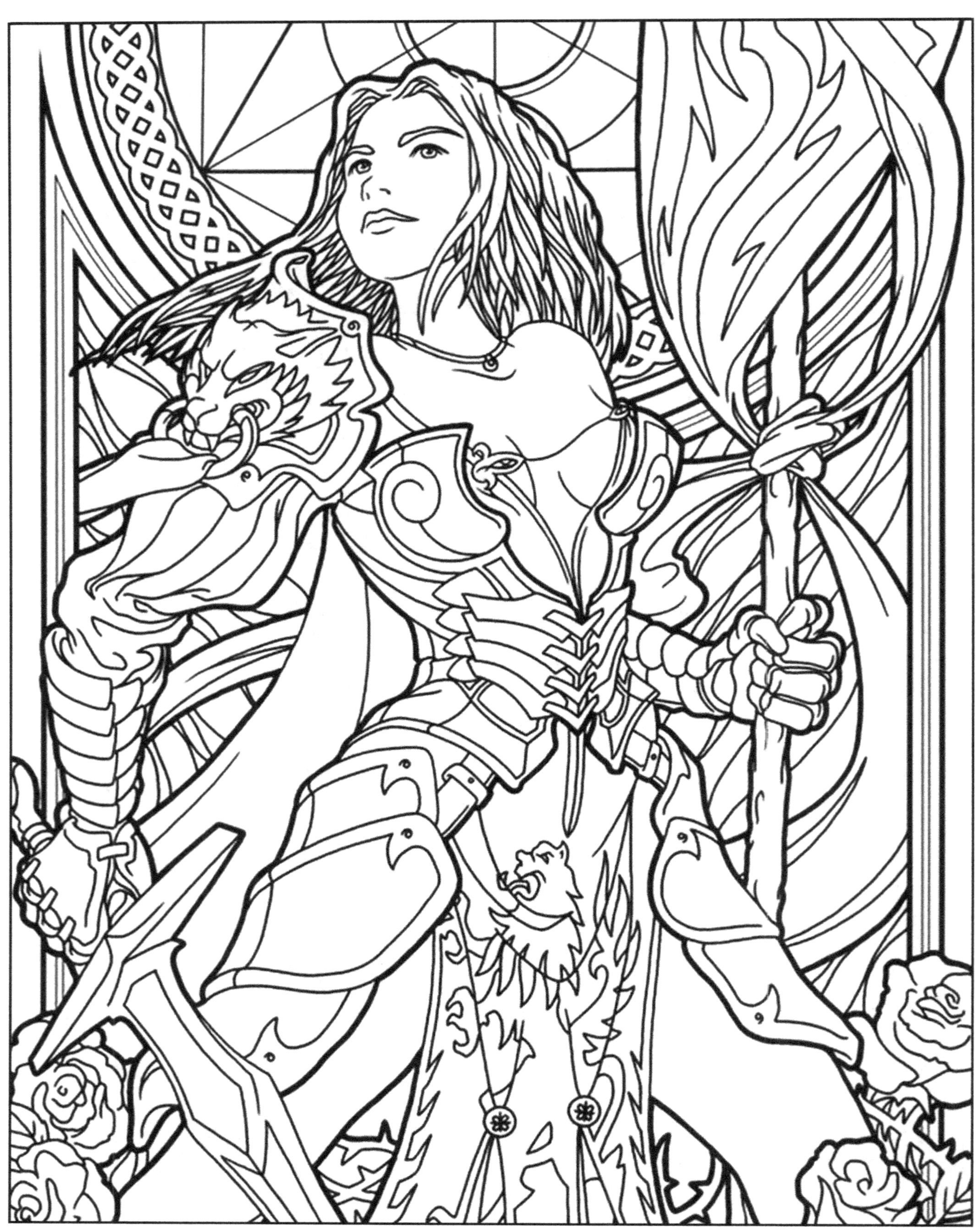

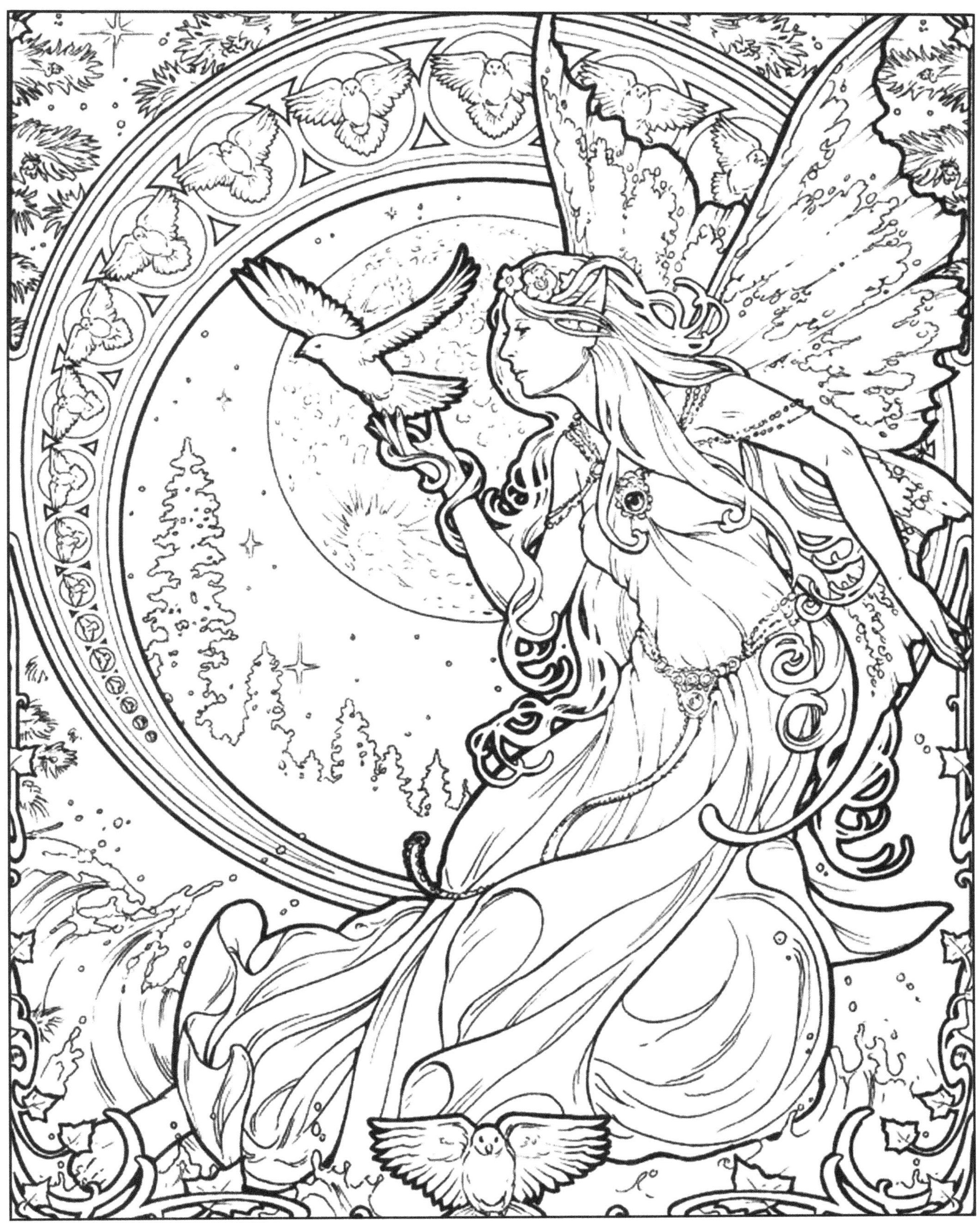

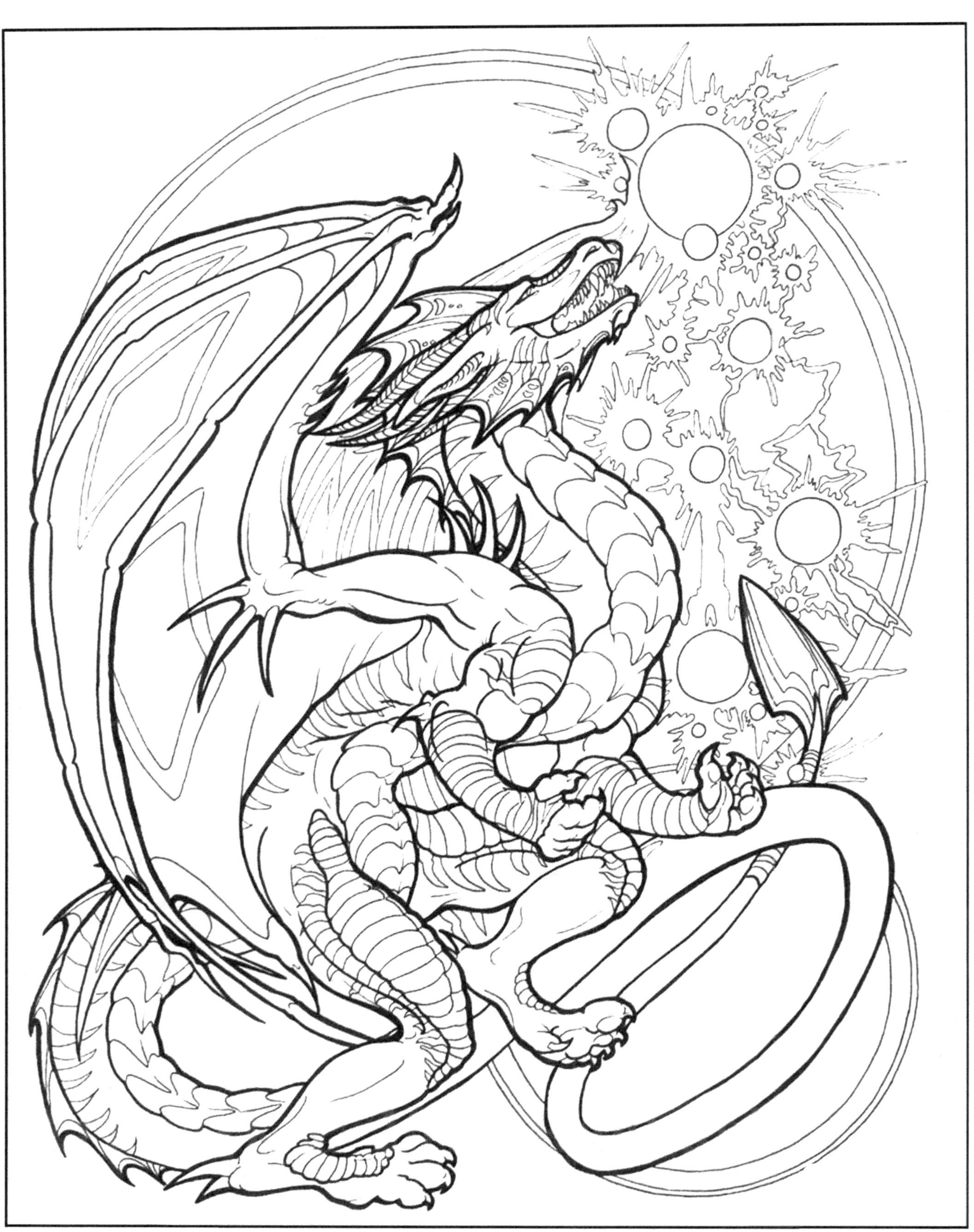

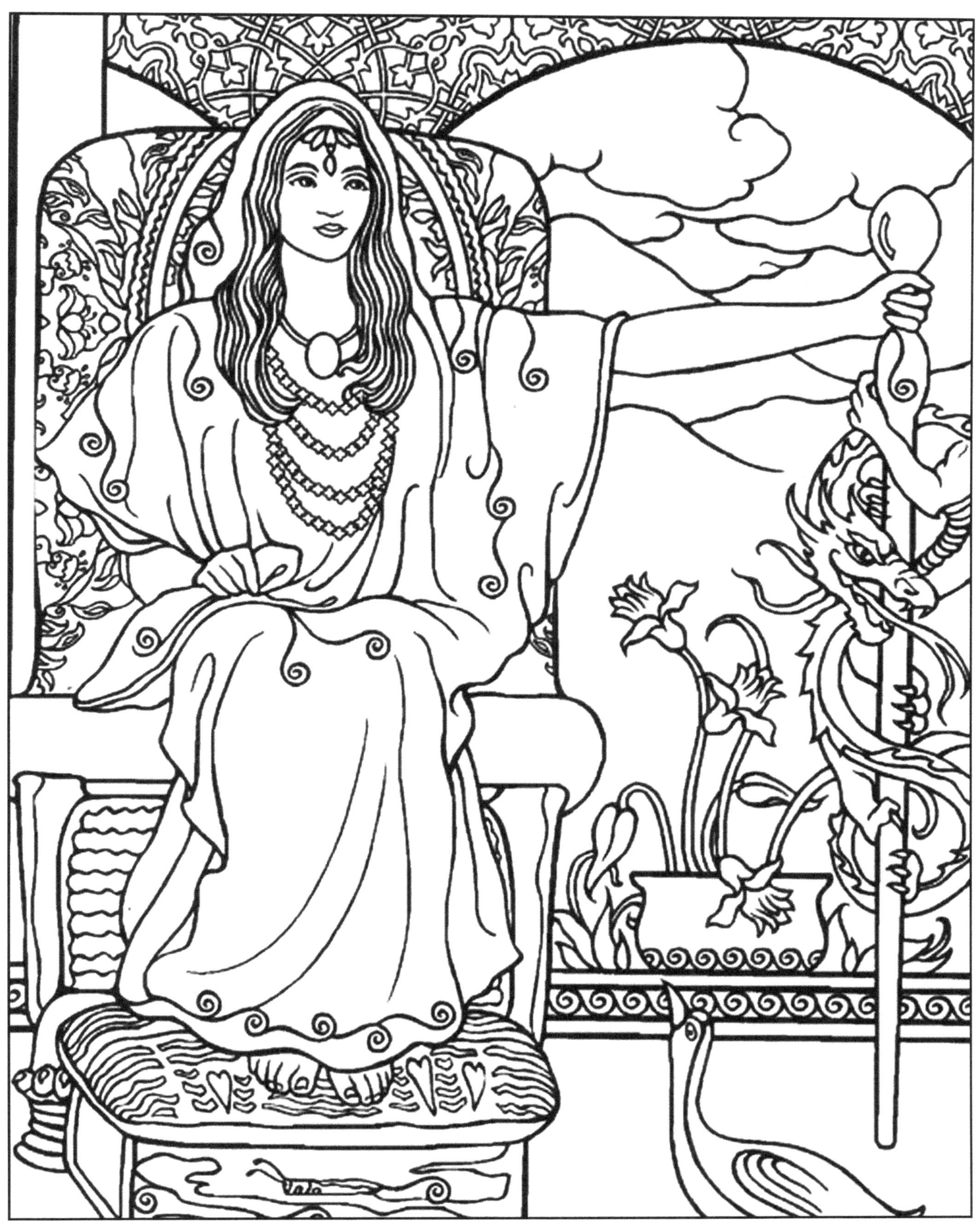

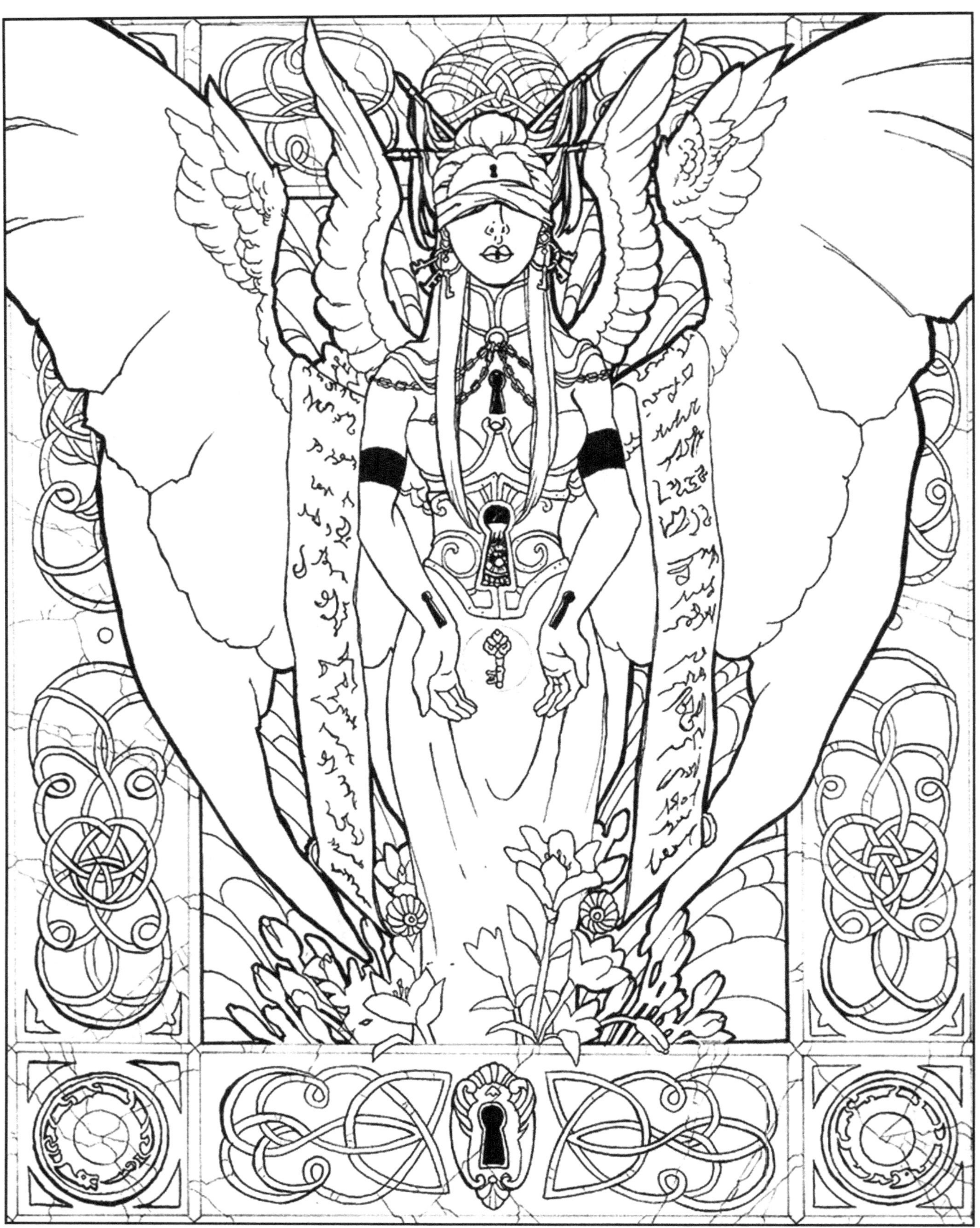

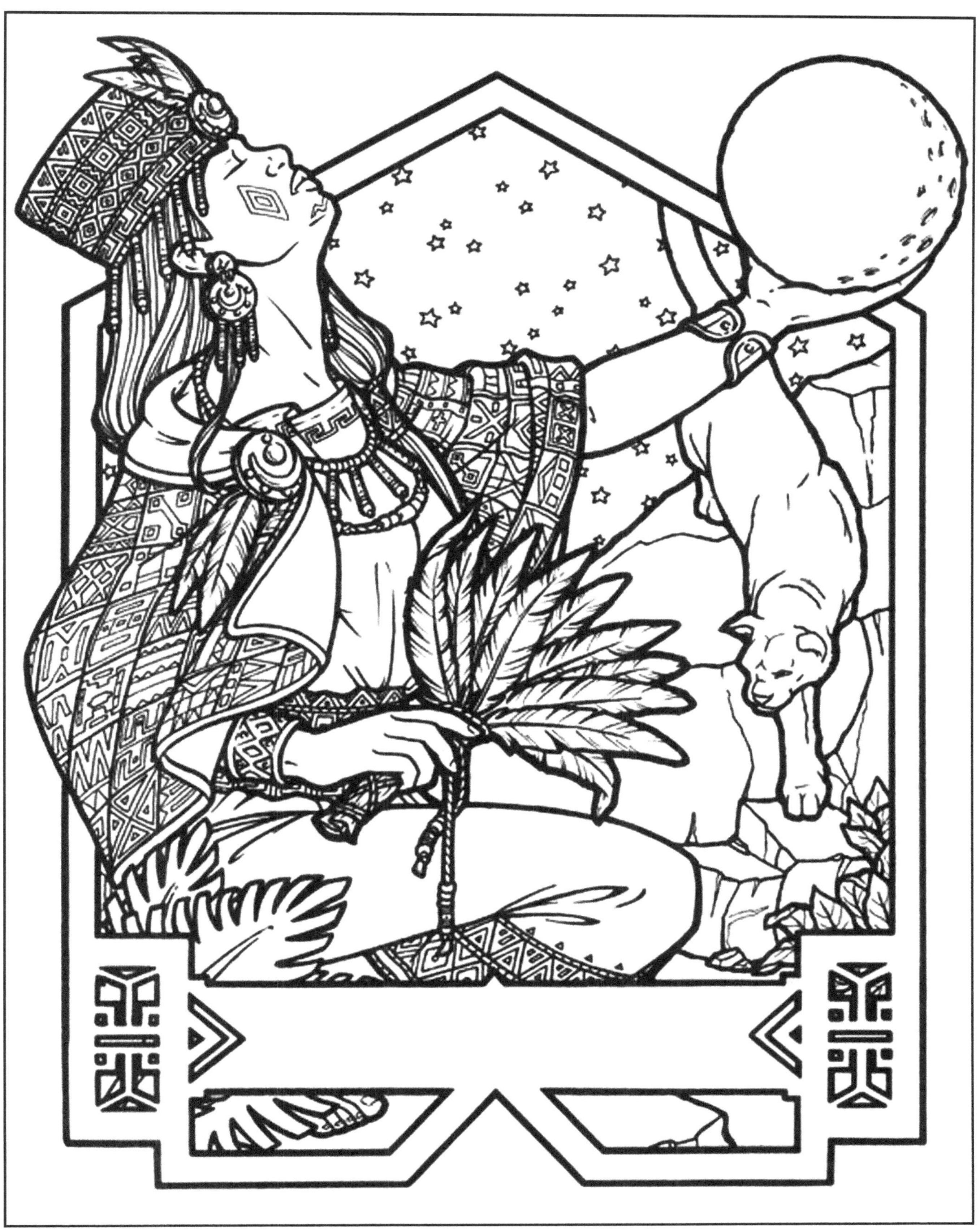

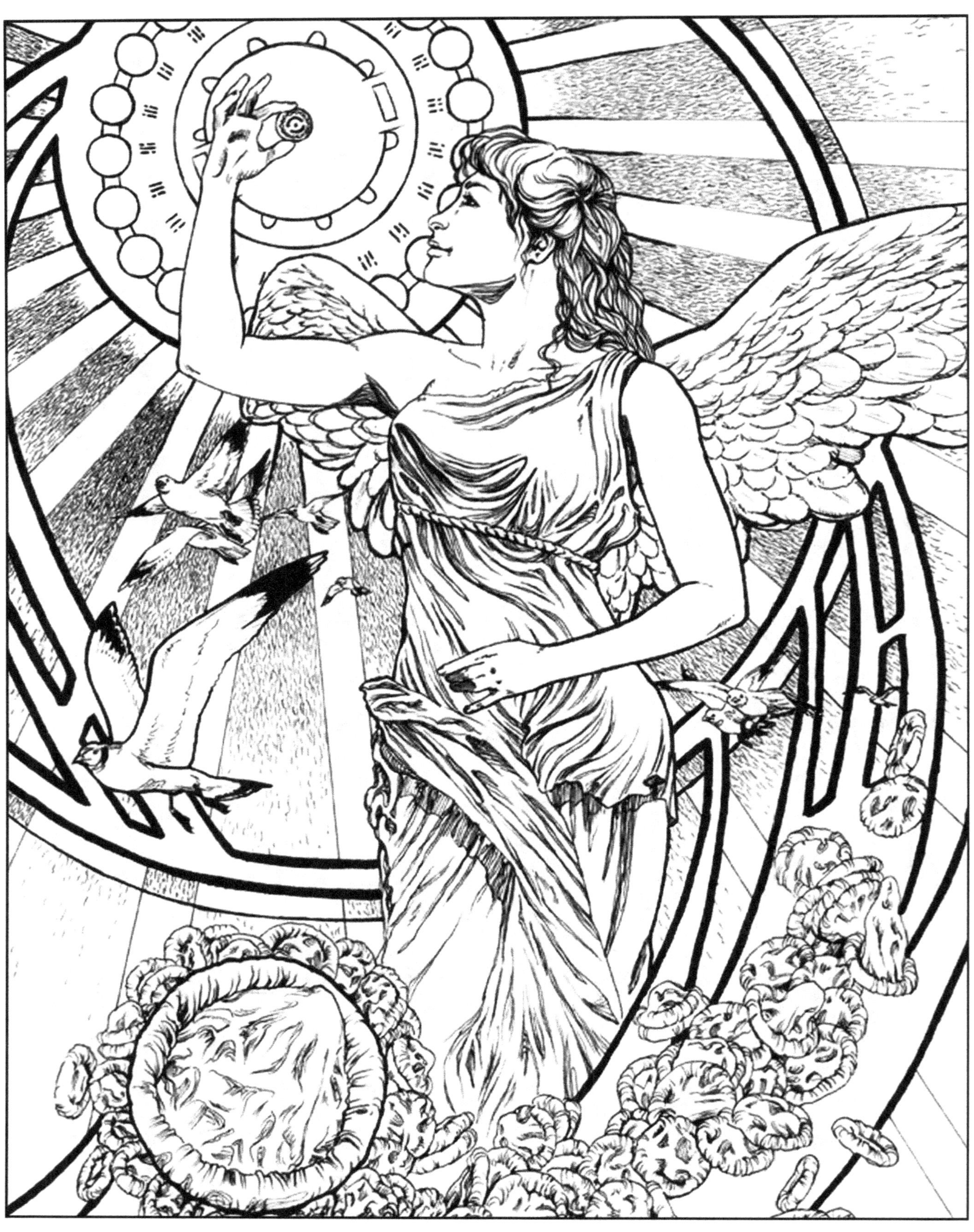

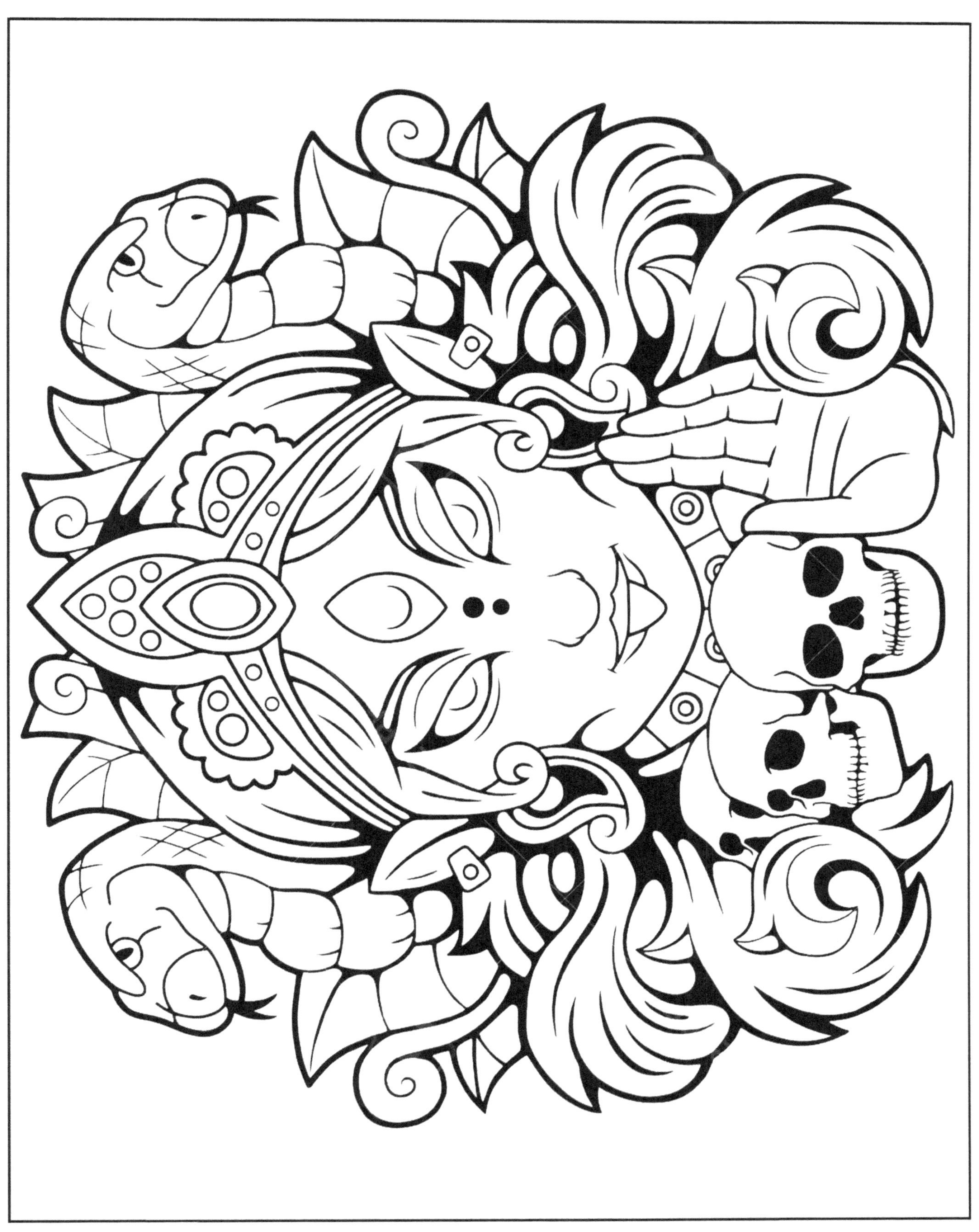

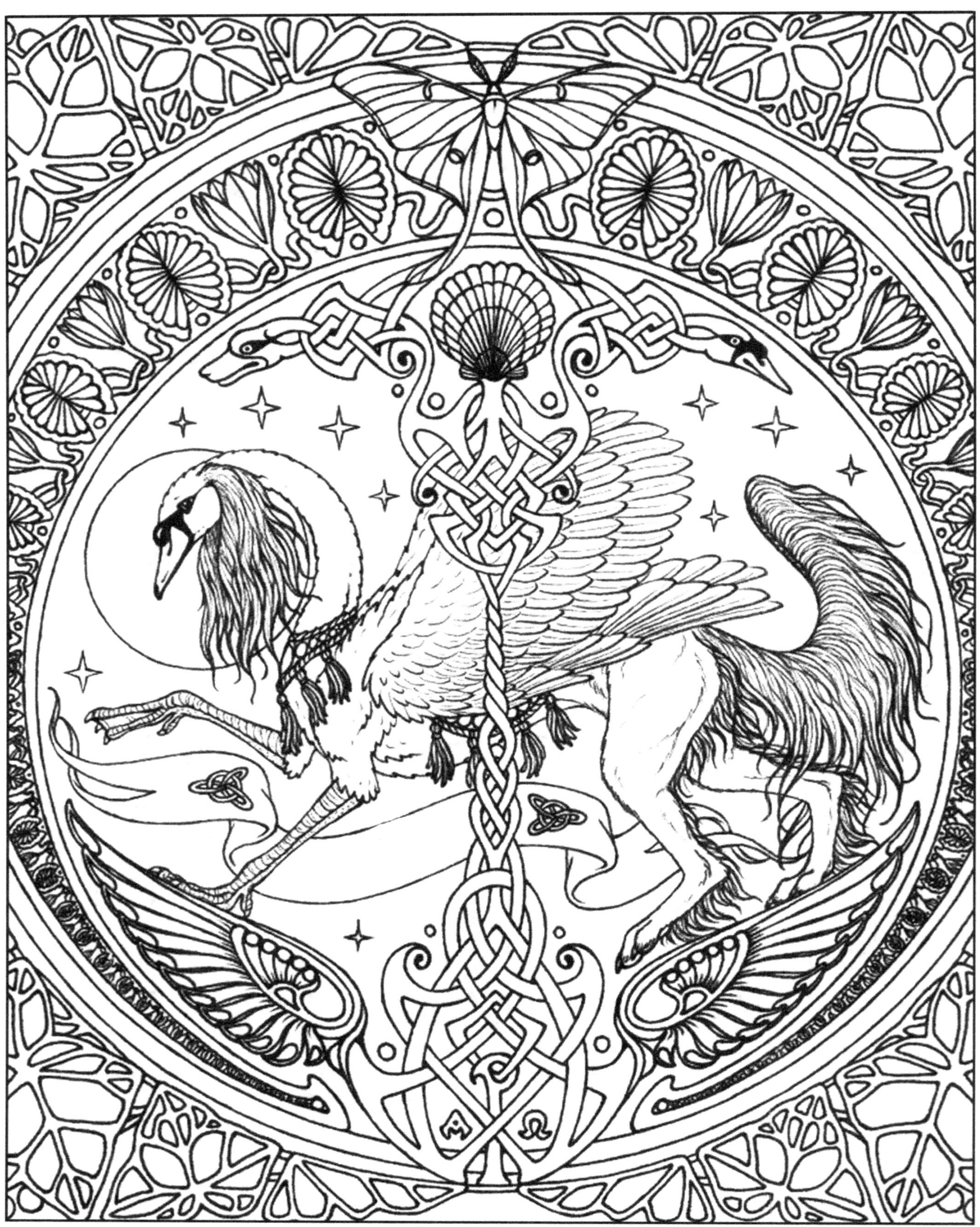

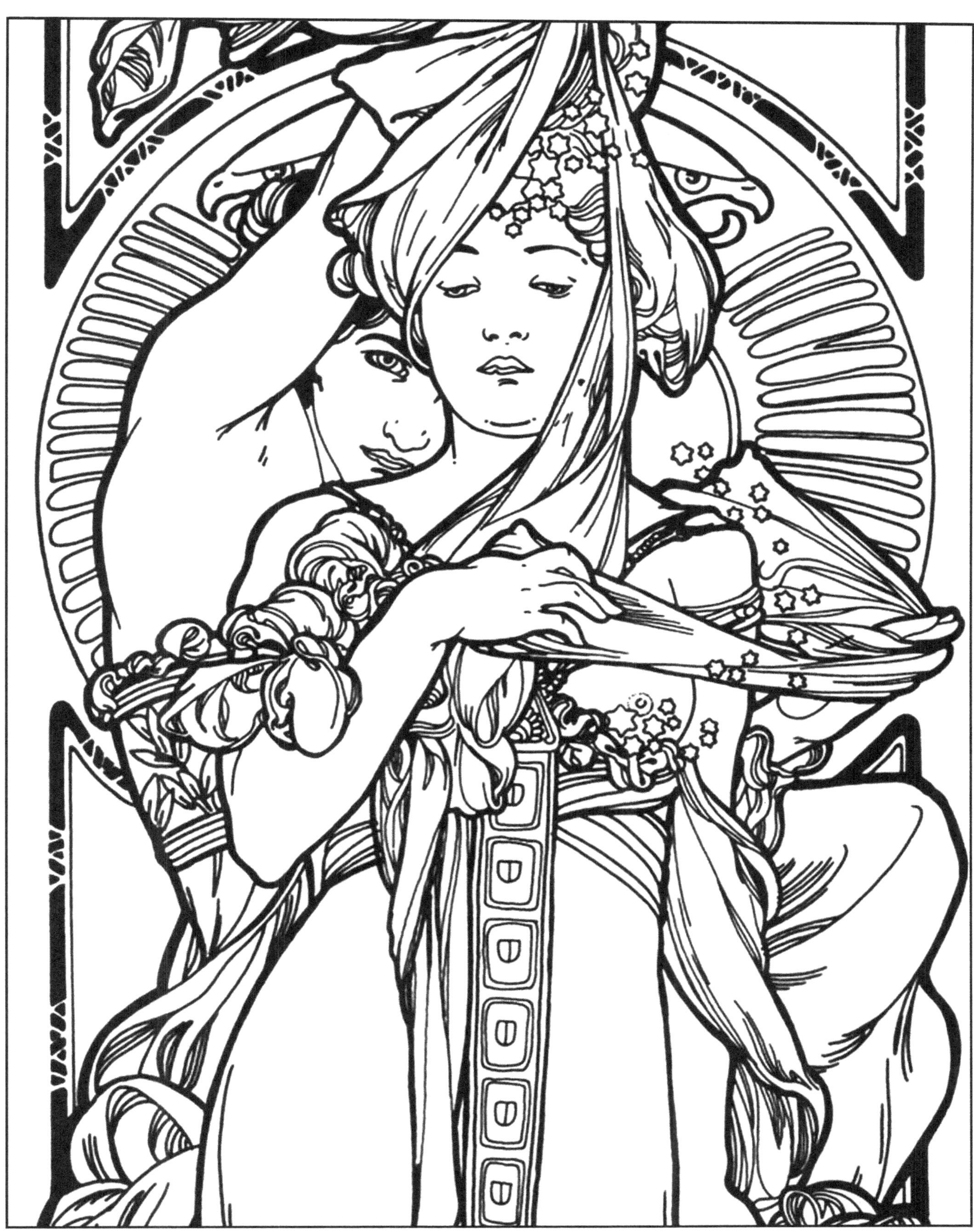

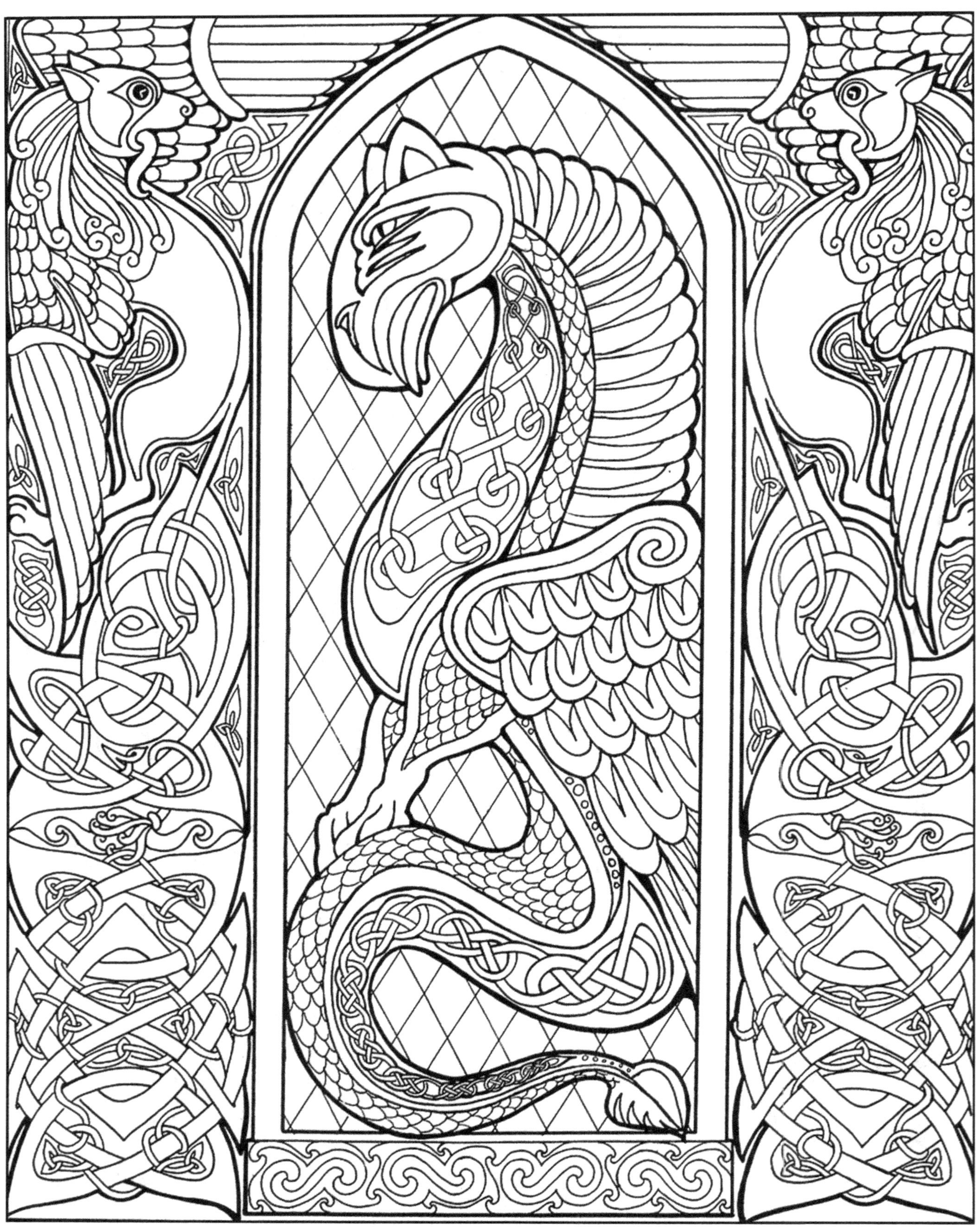

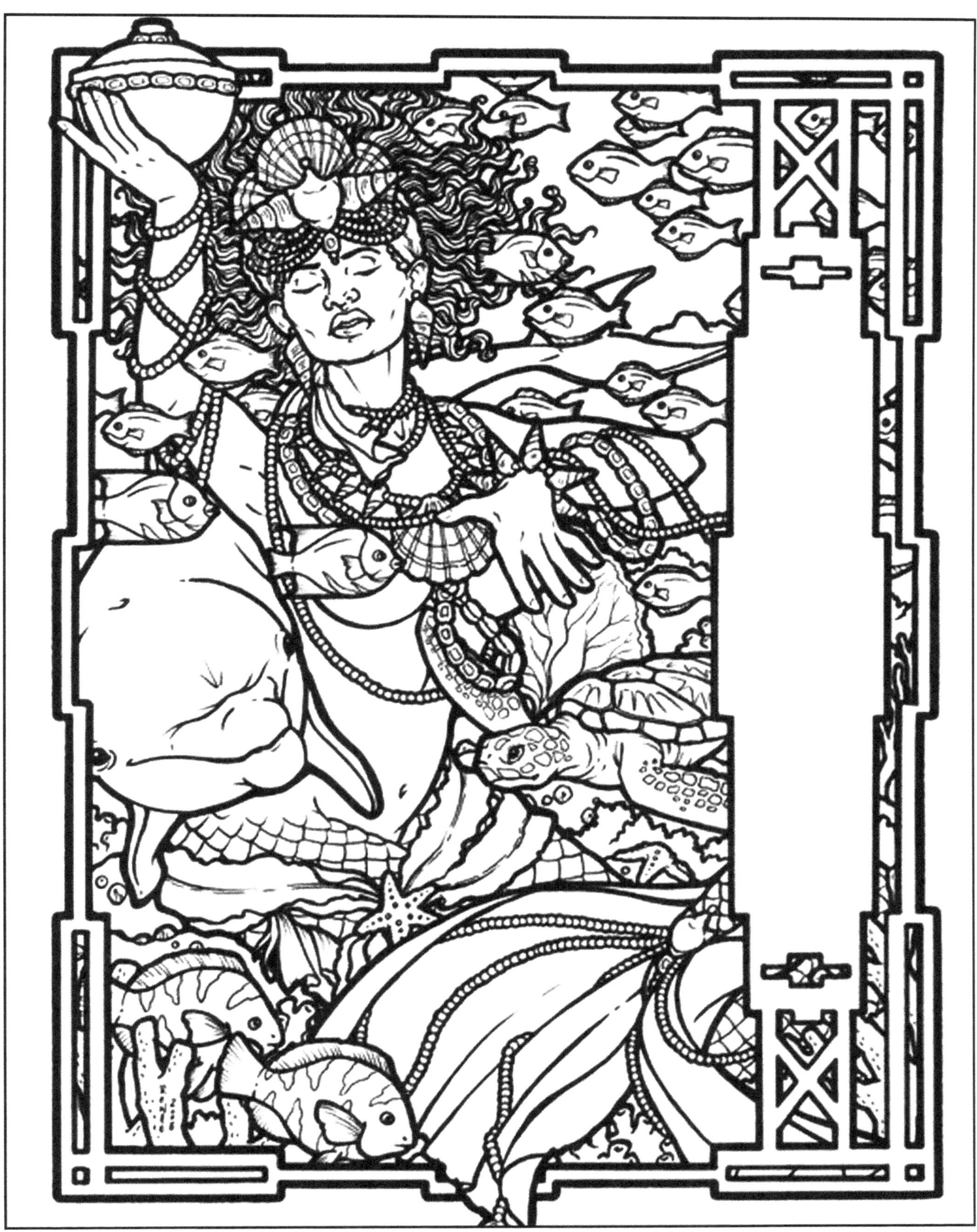

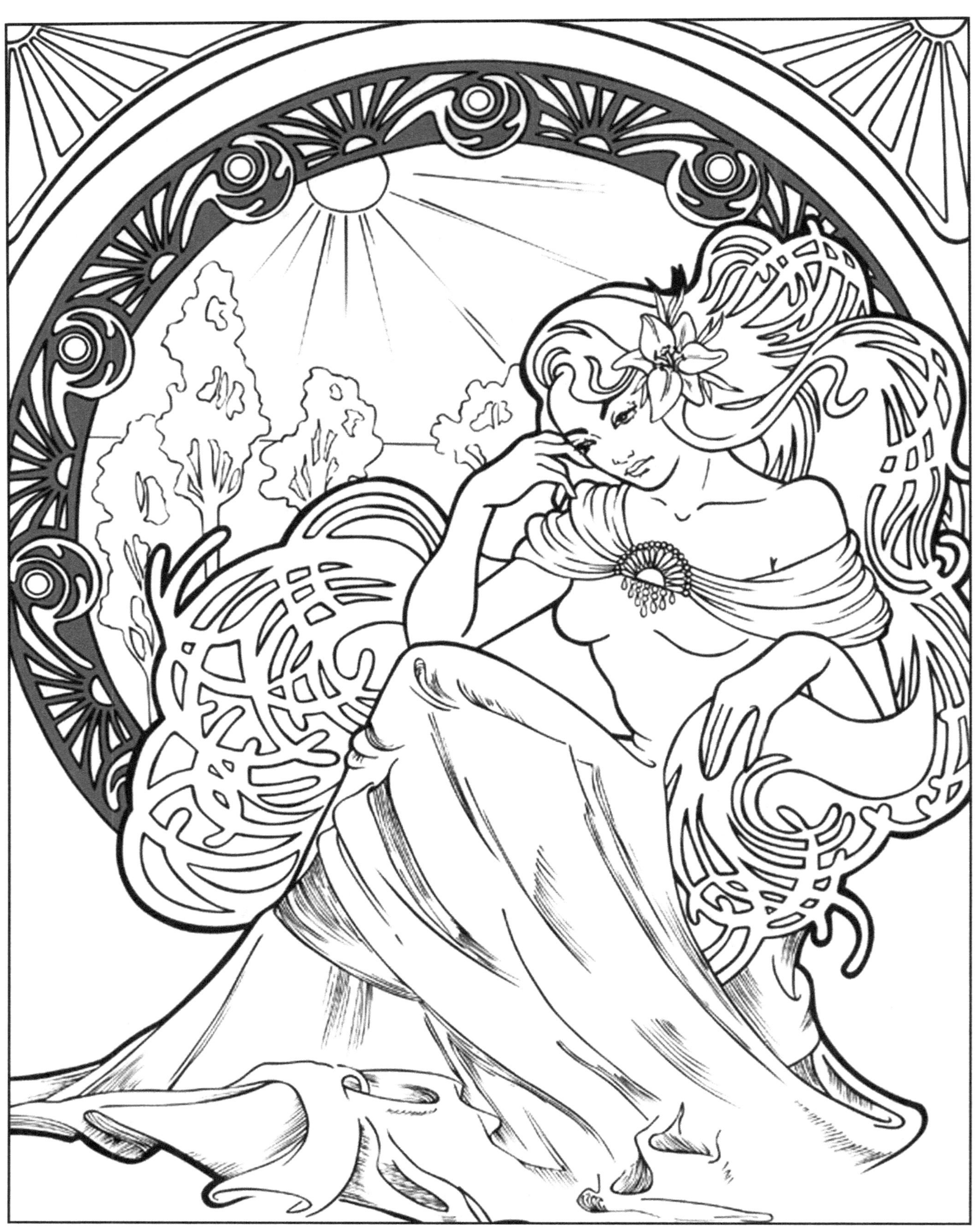

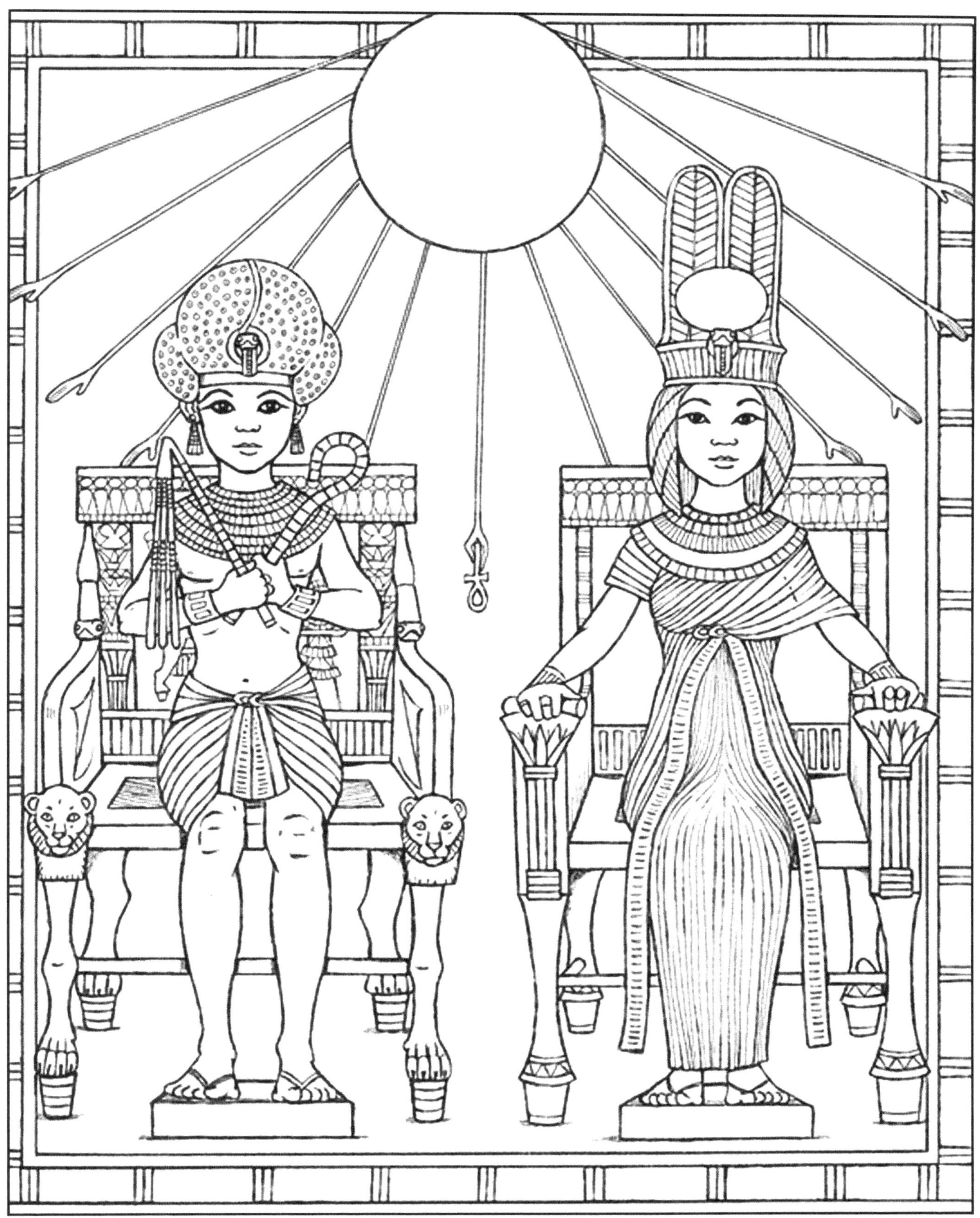

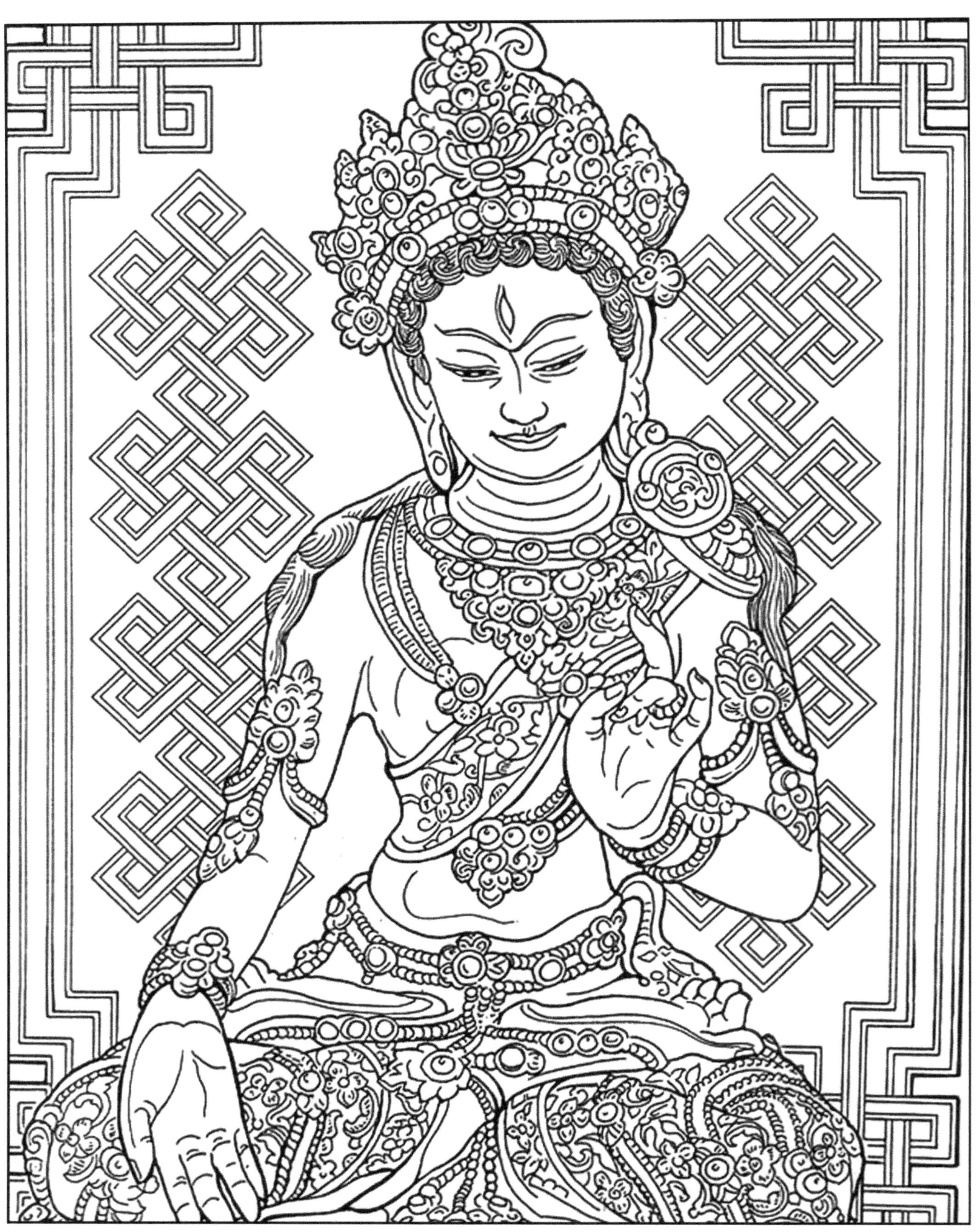

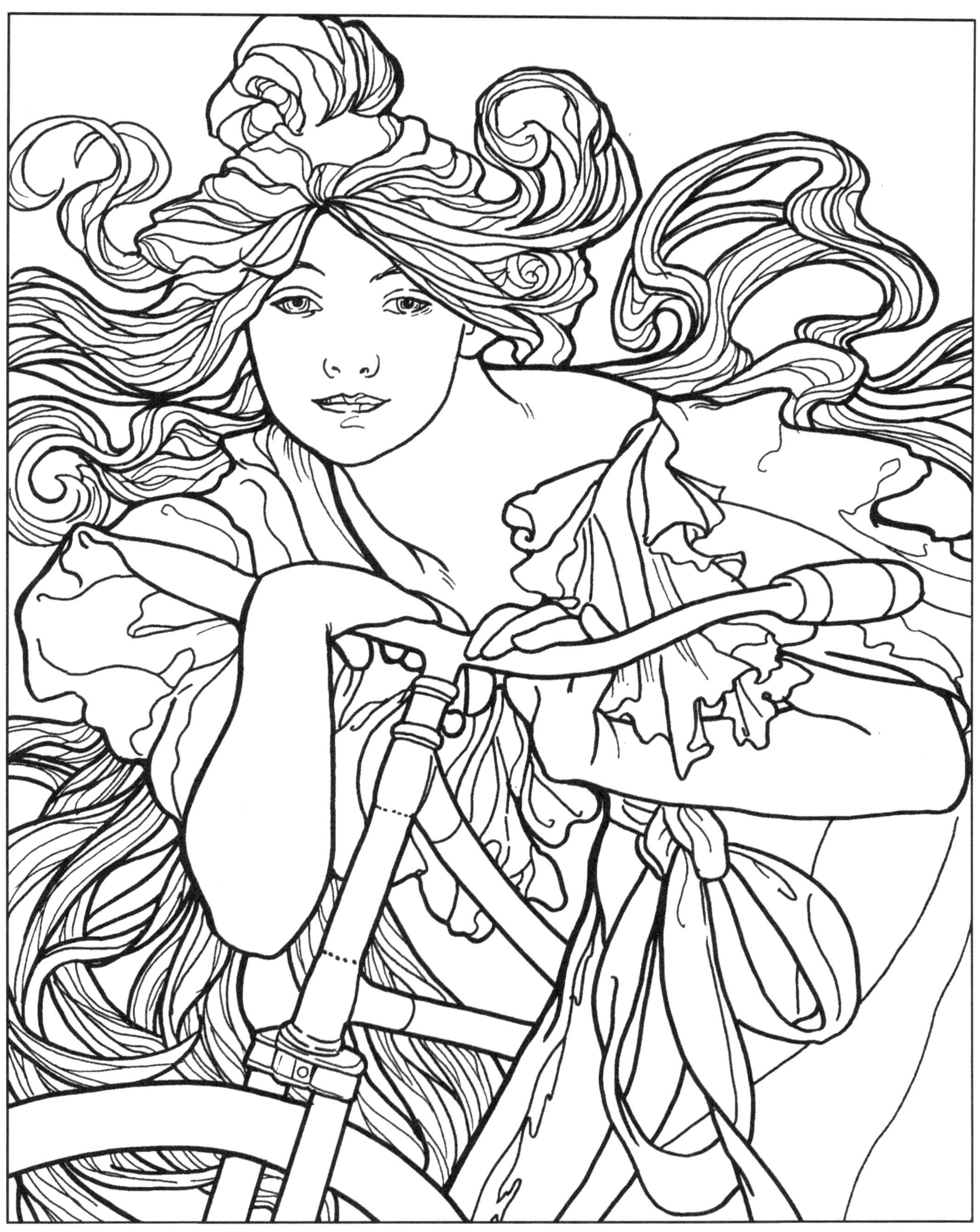

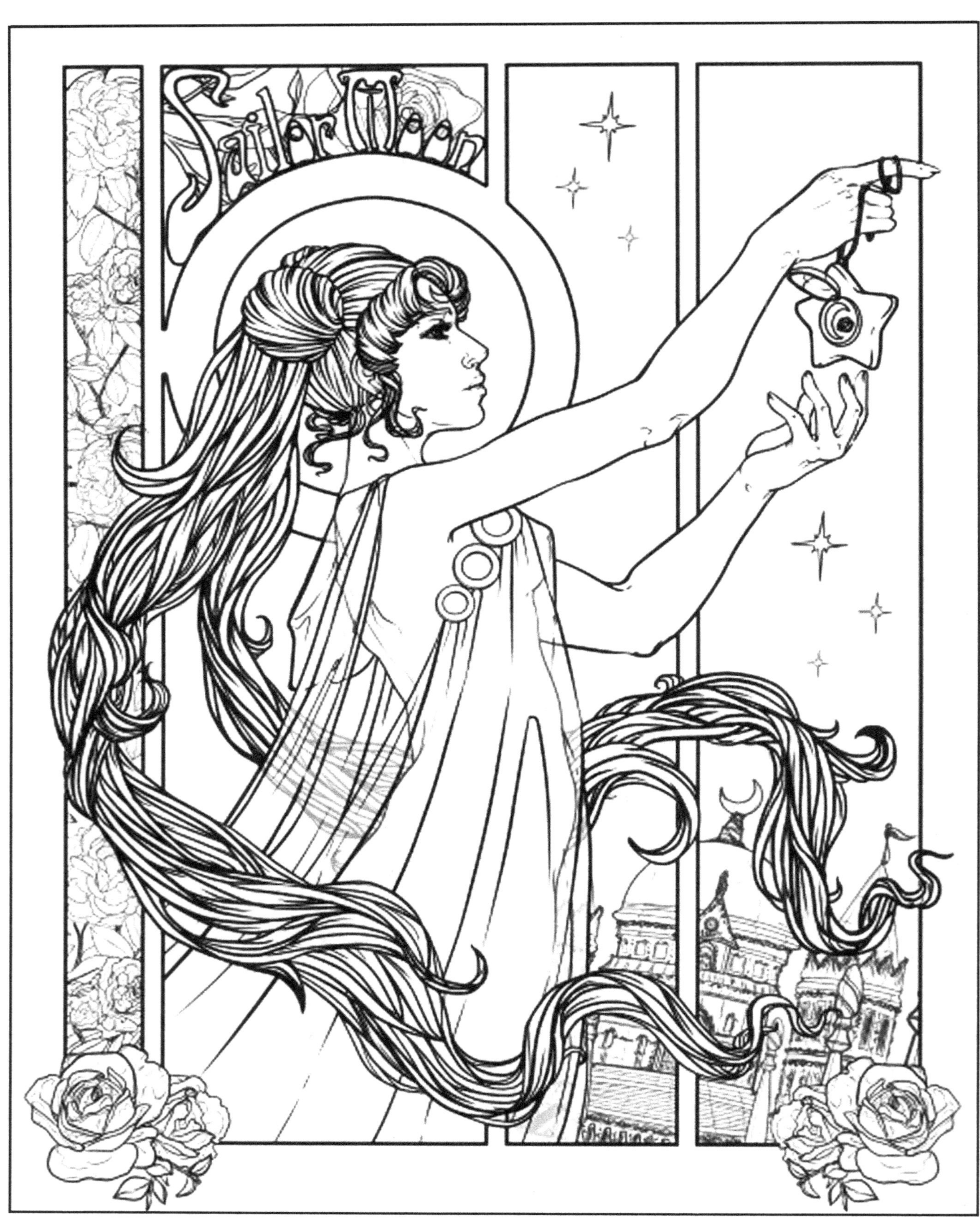

Sailor Moon

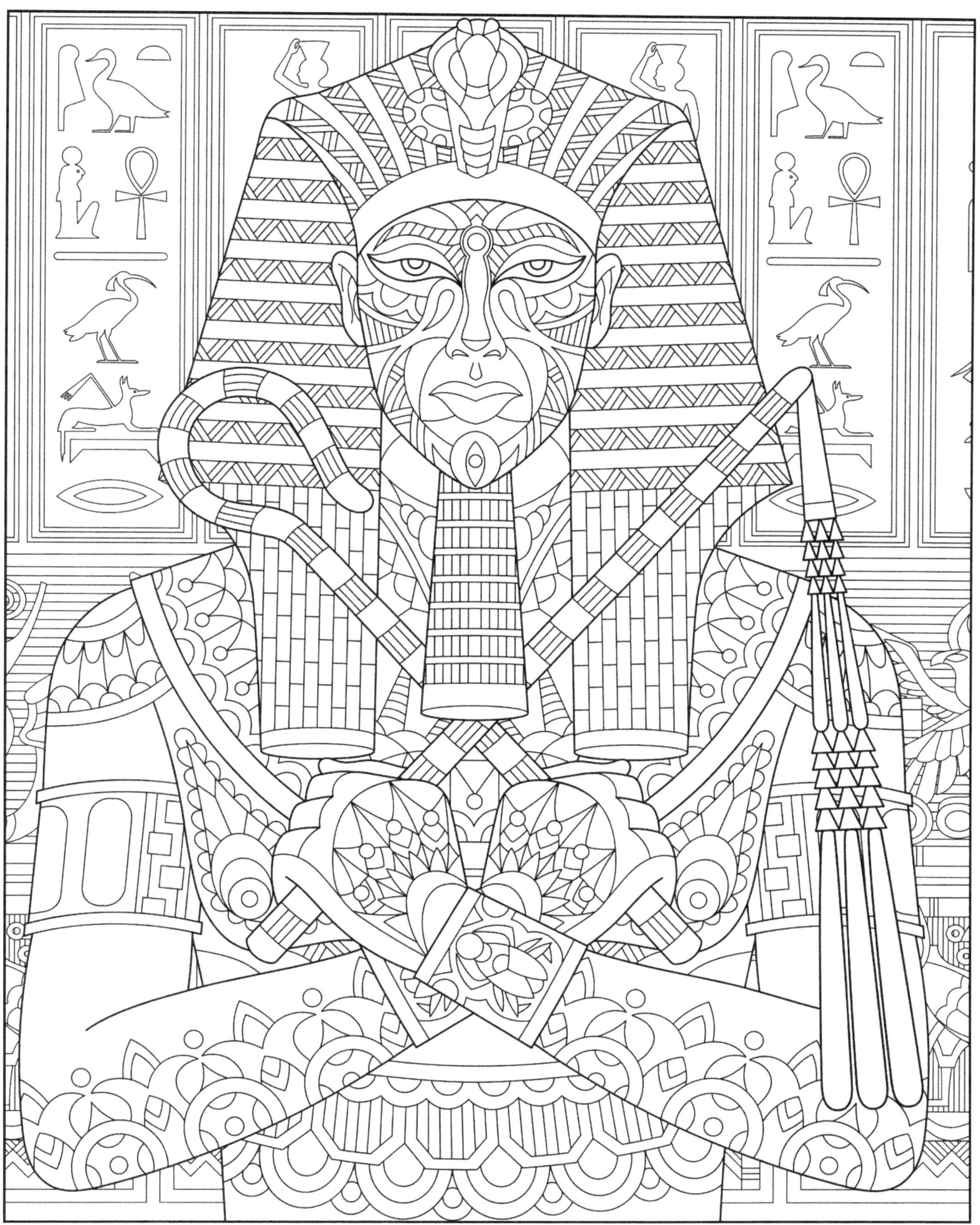

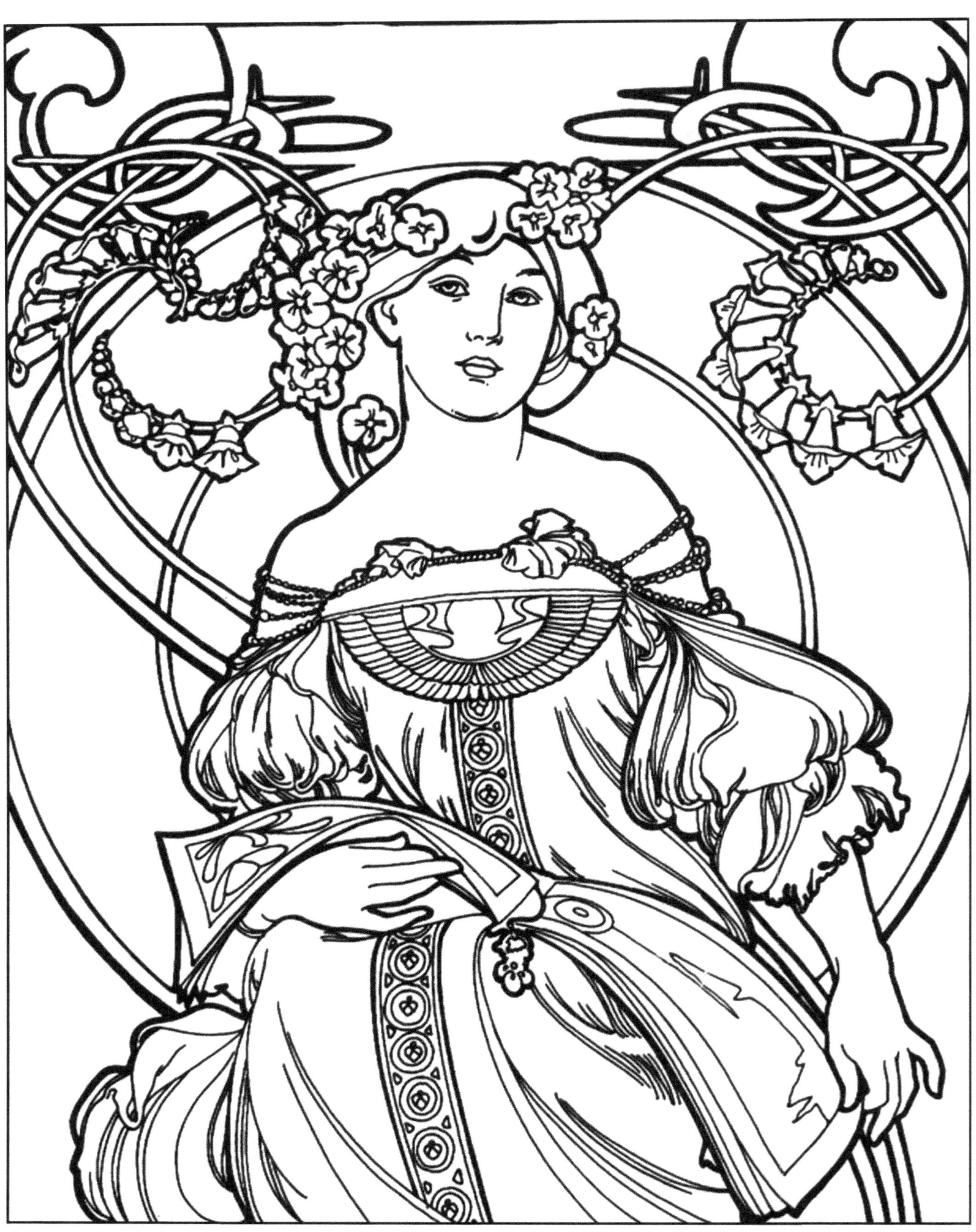

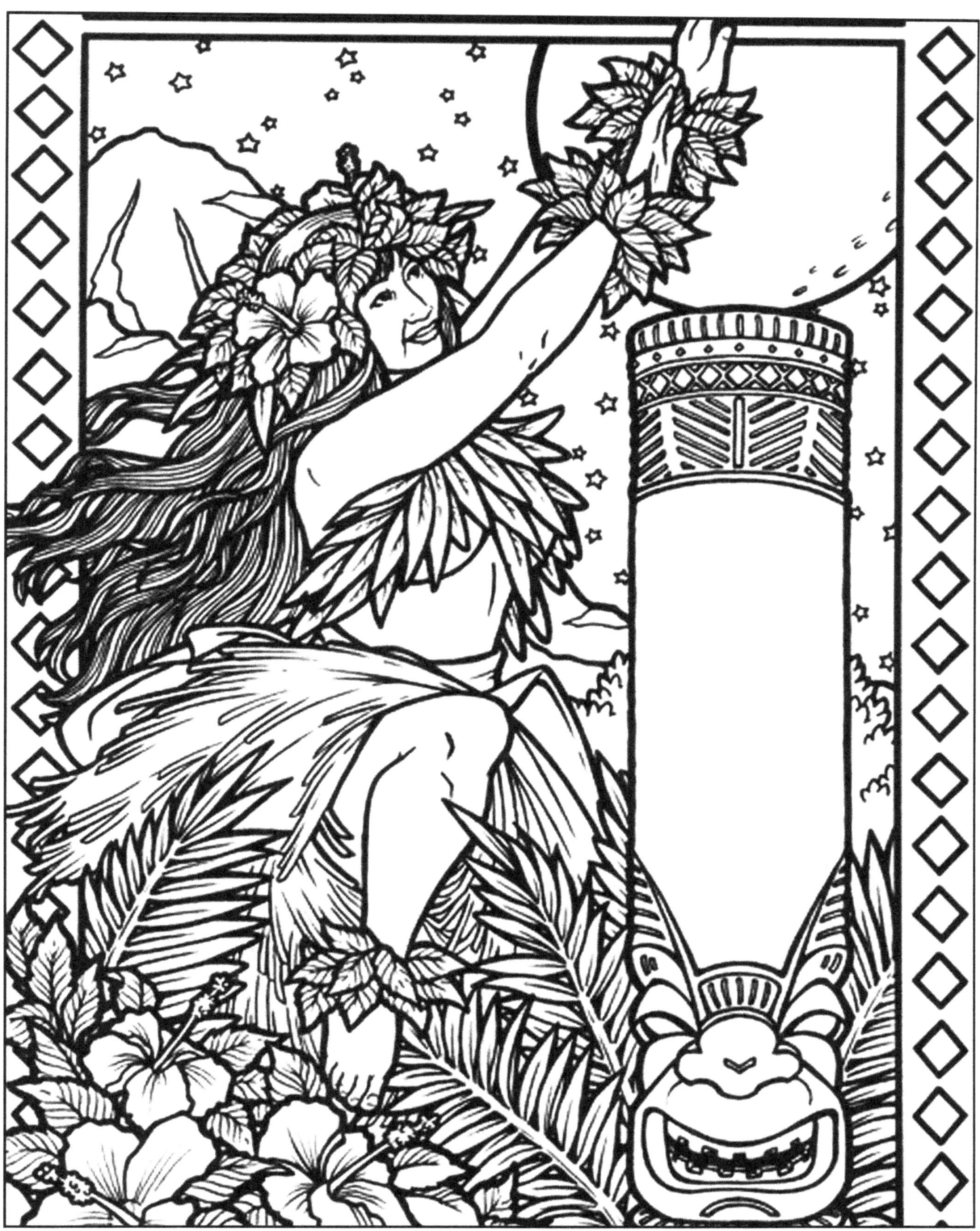

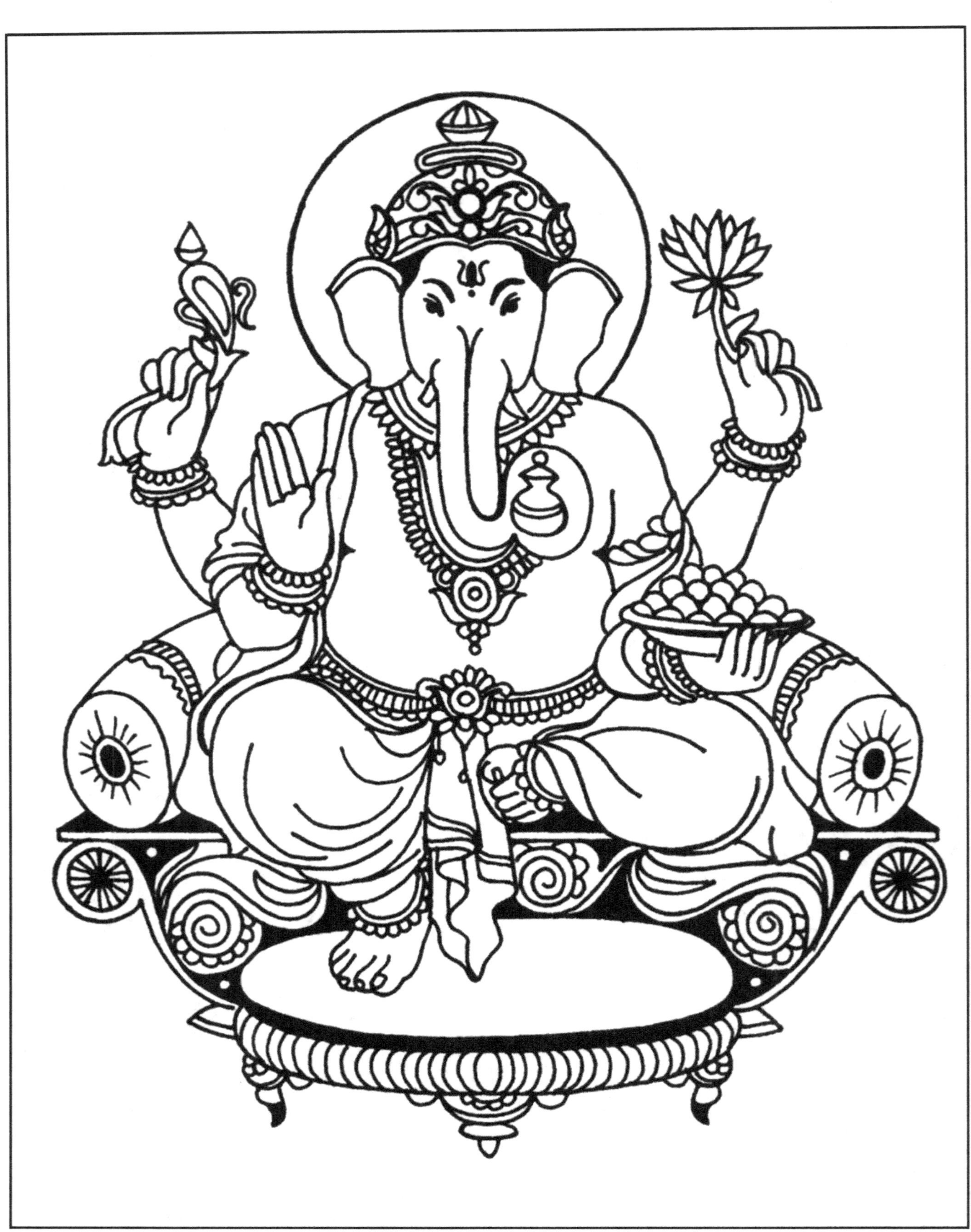

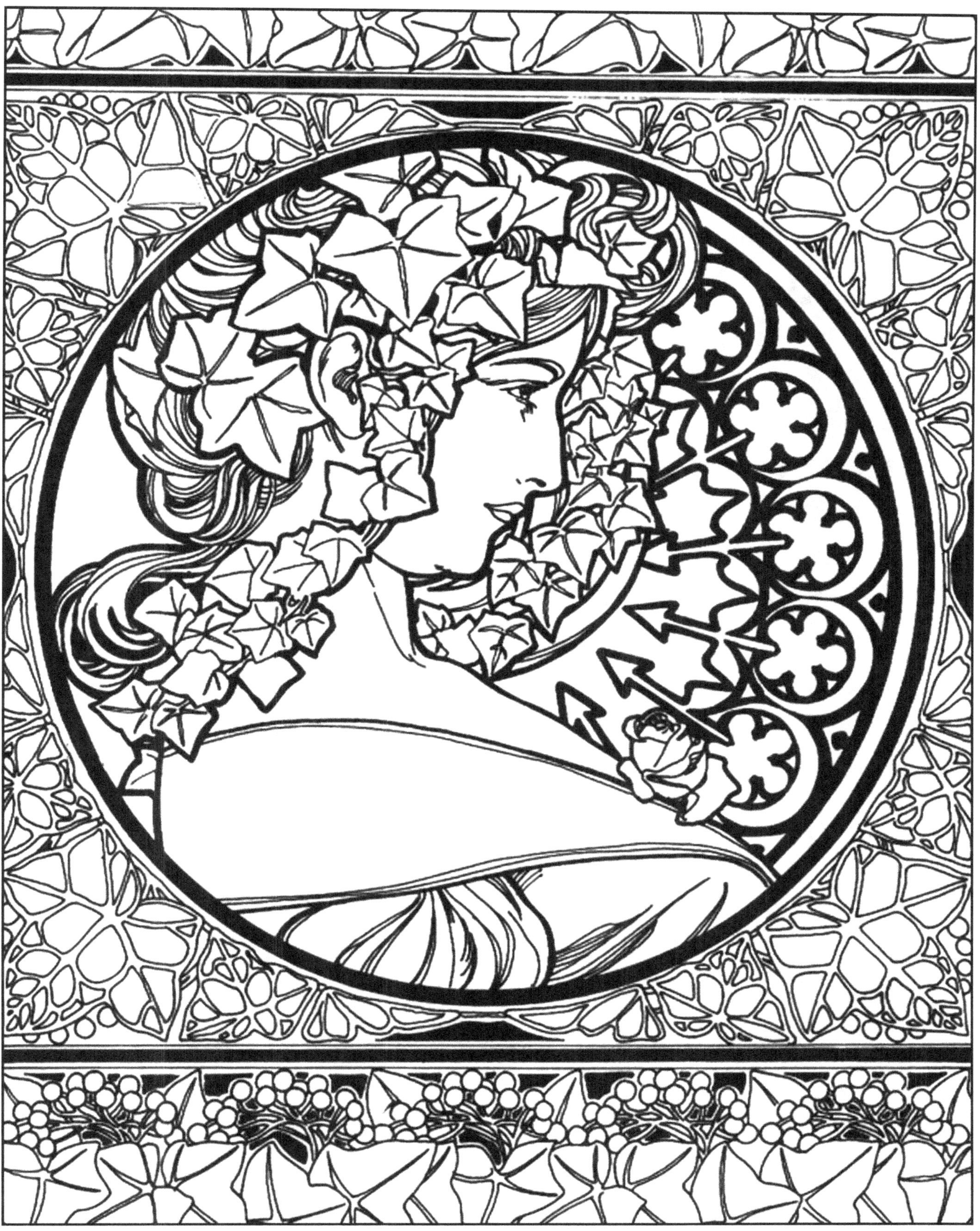

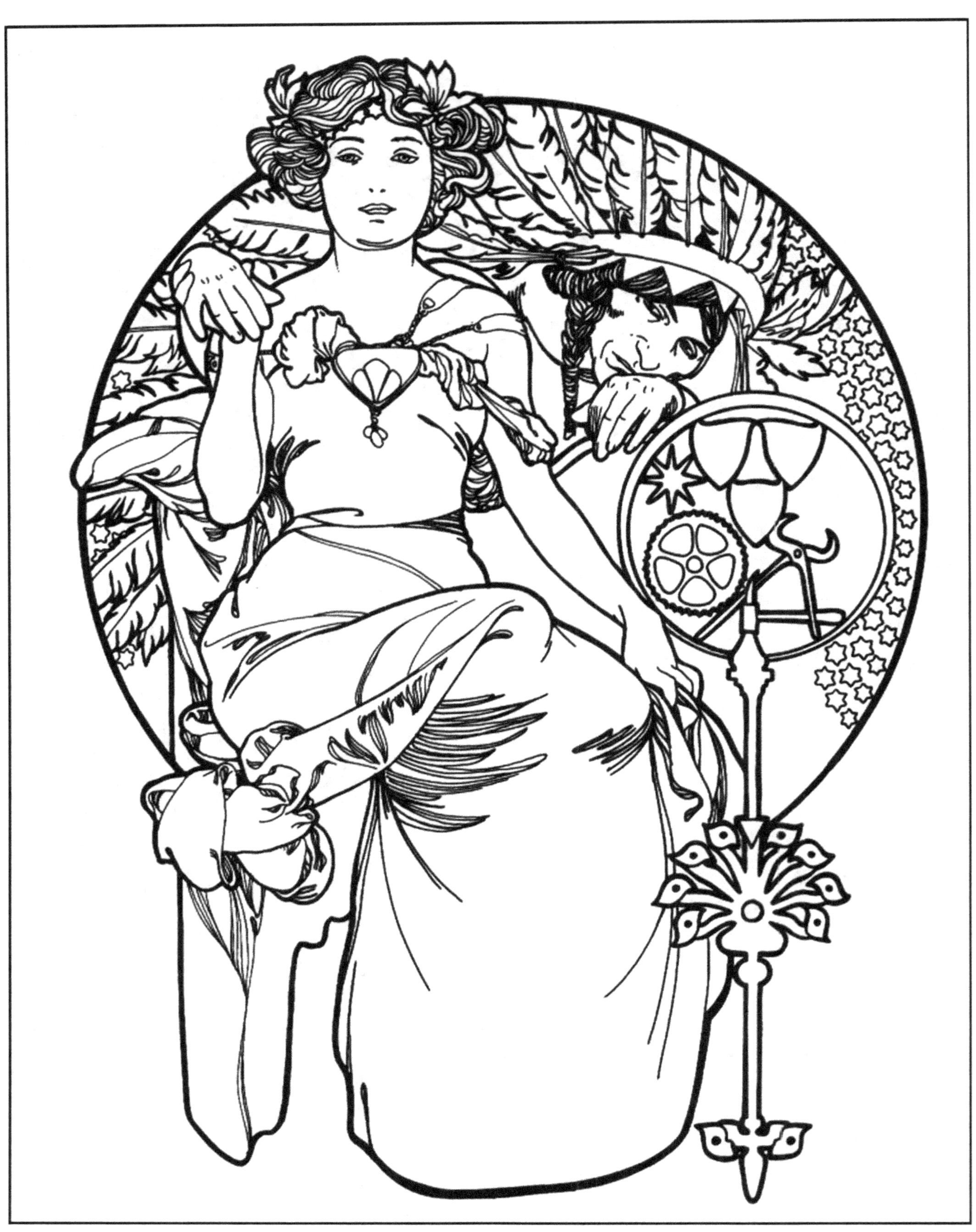

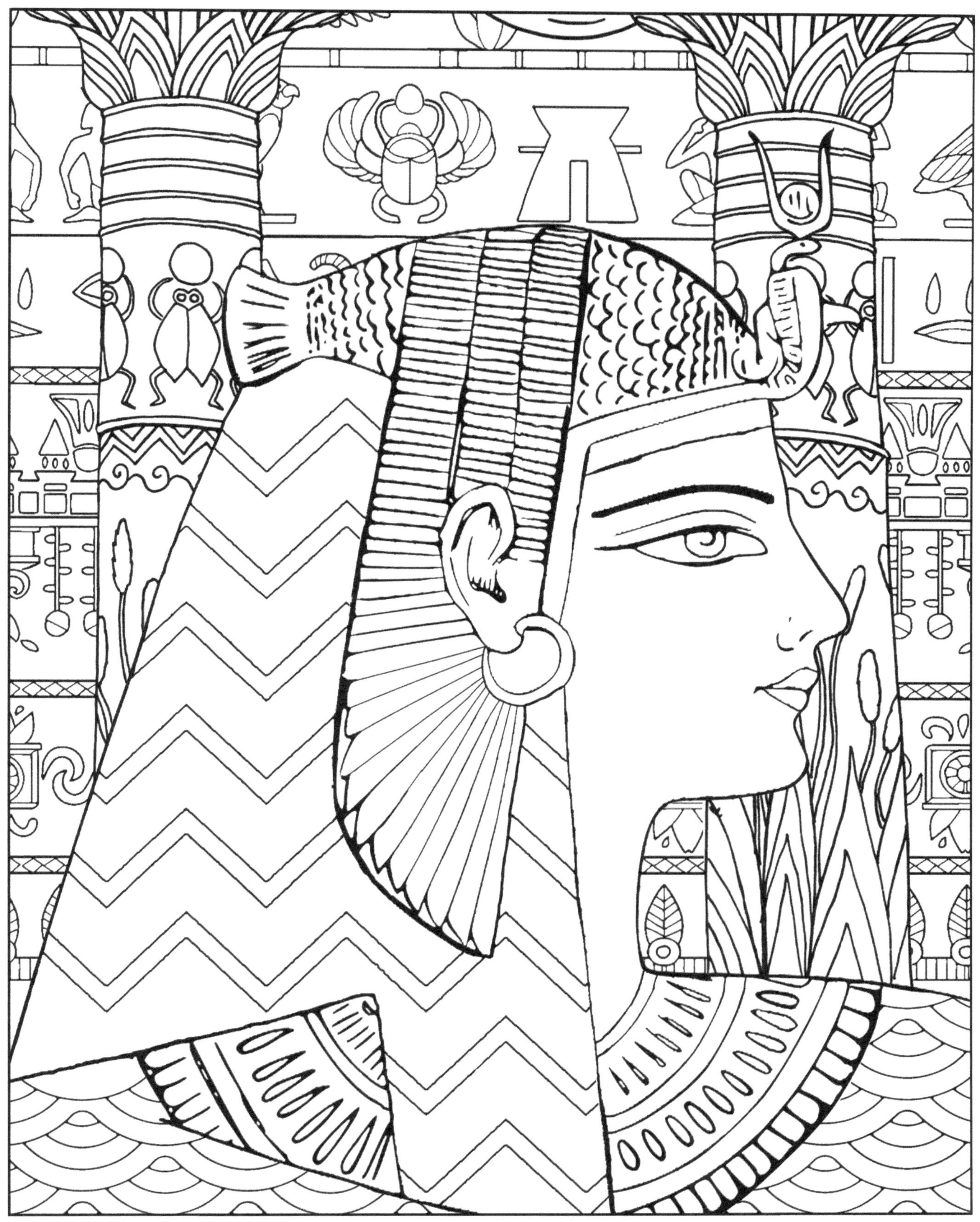

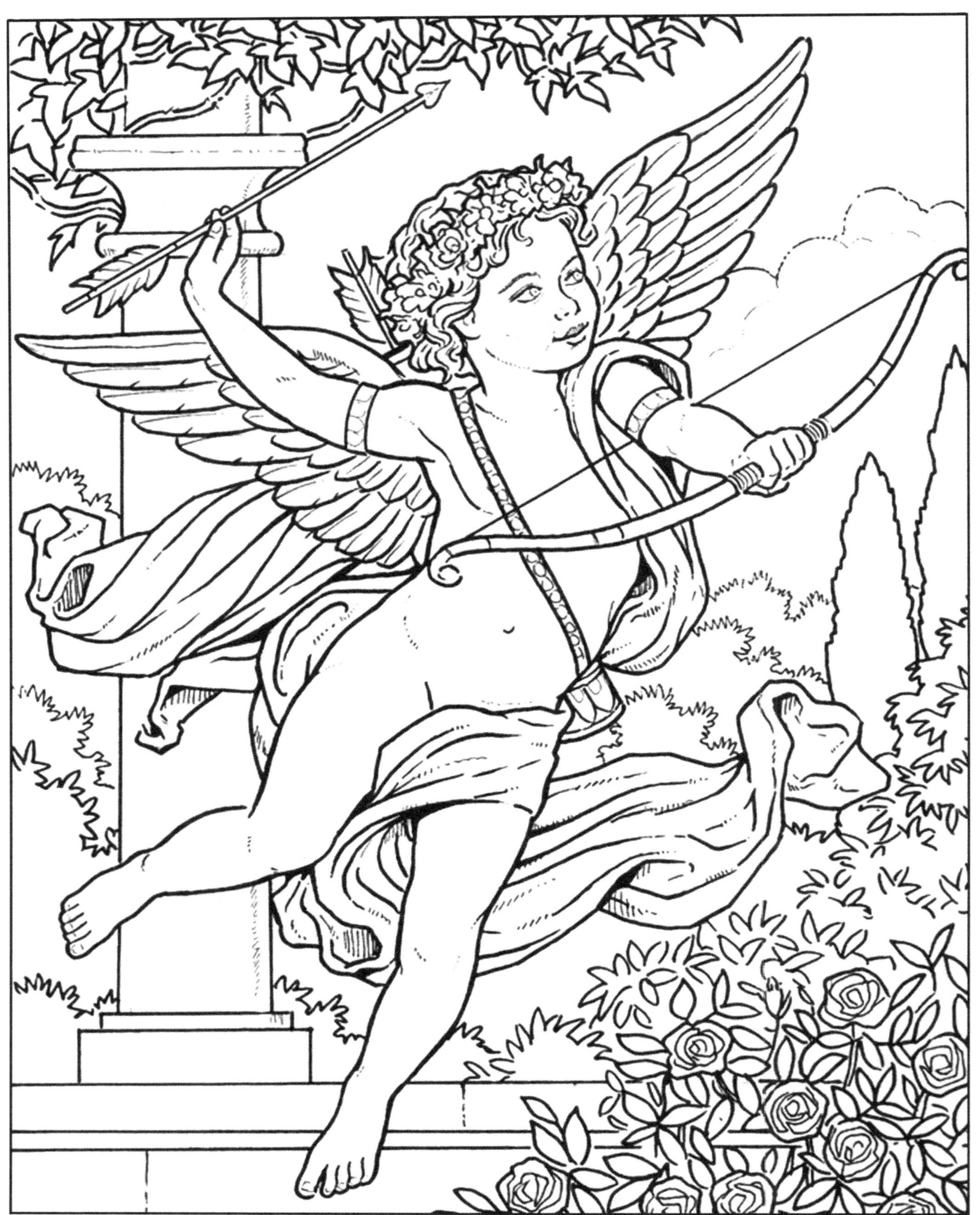

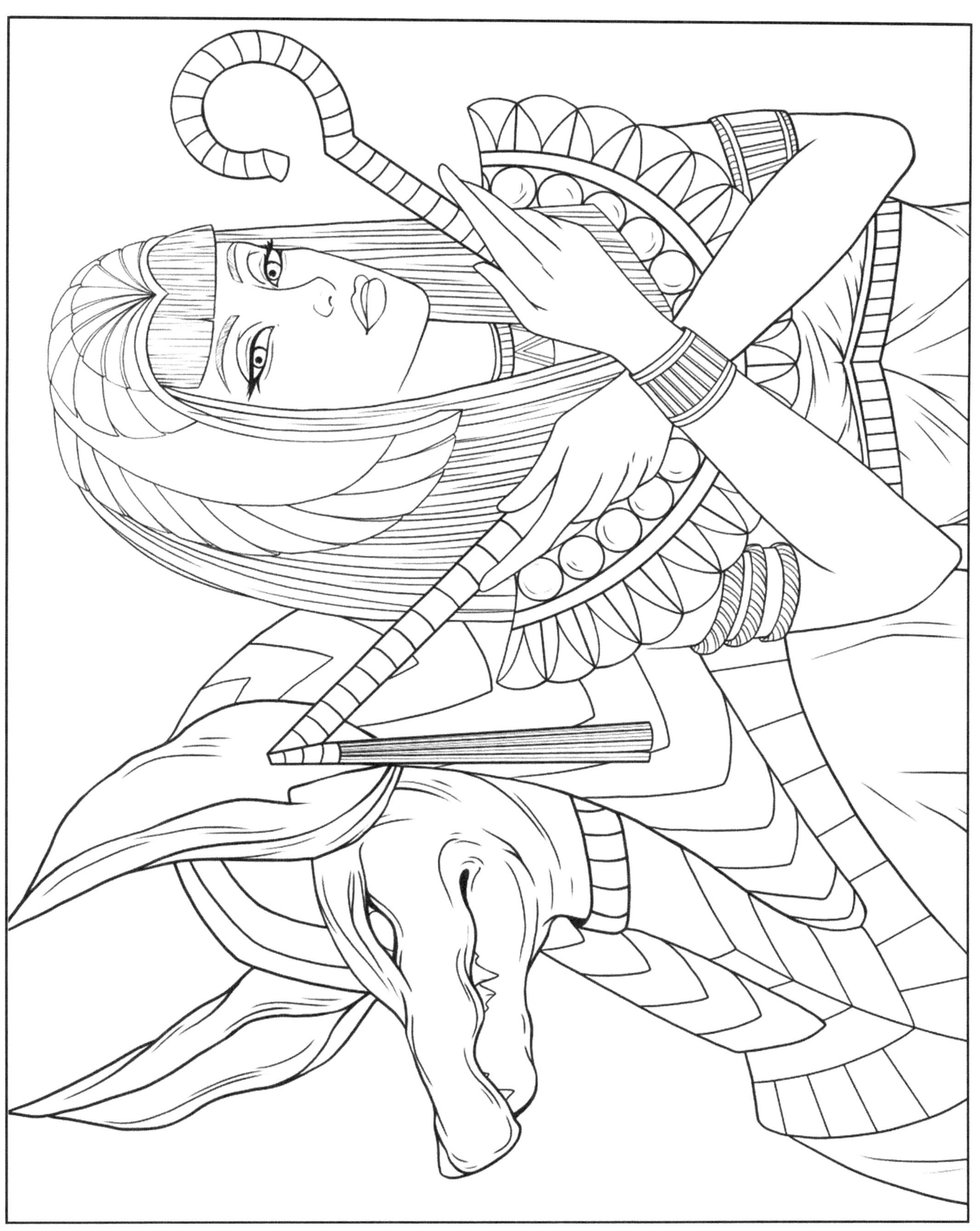

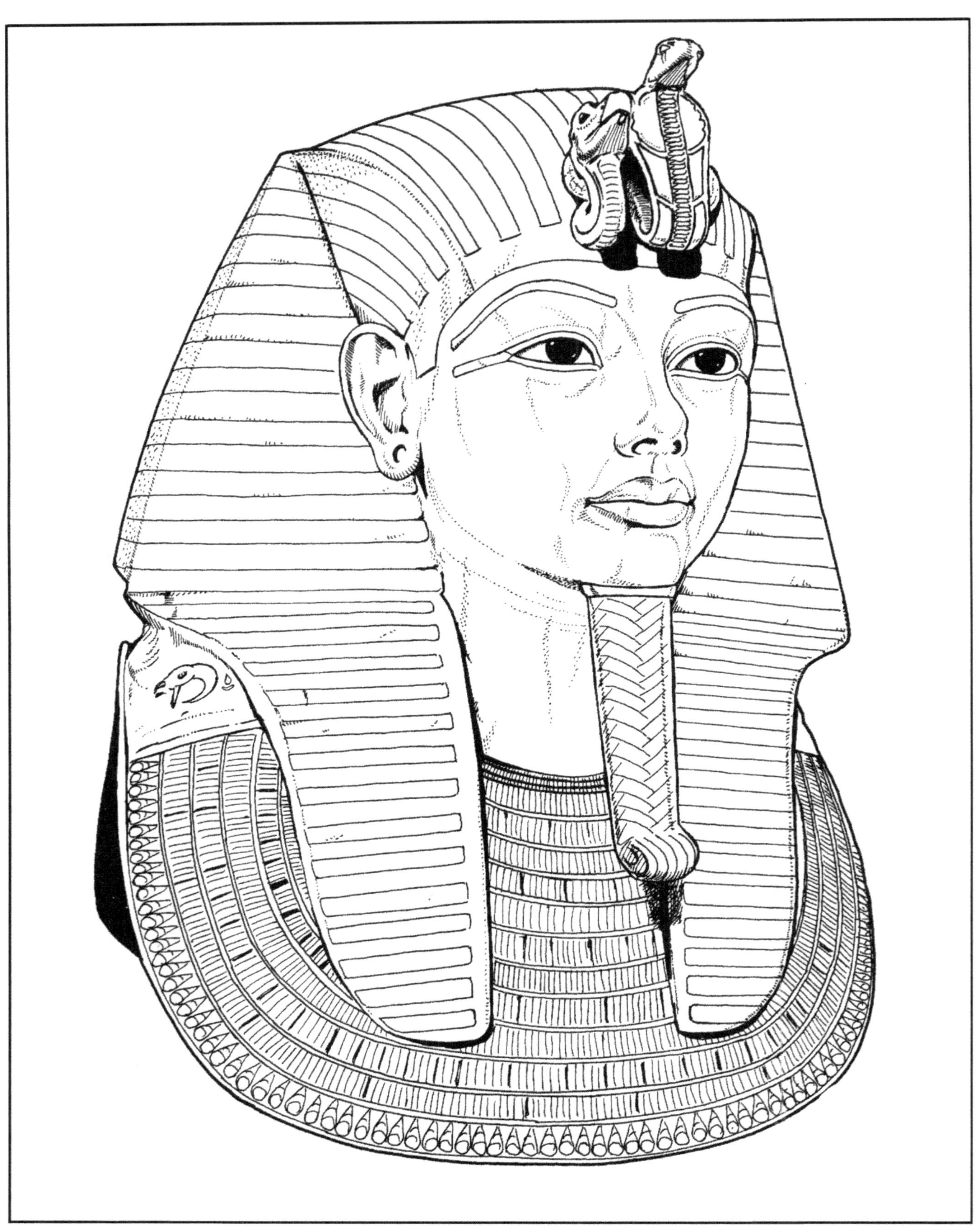

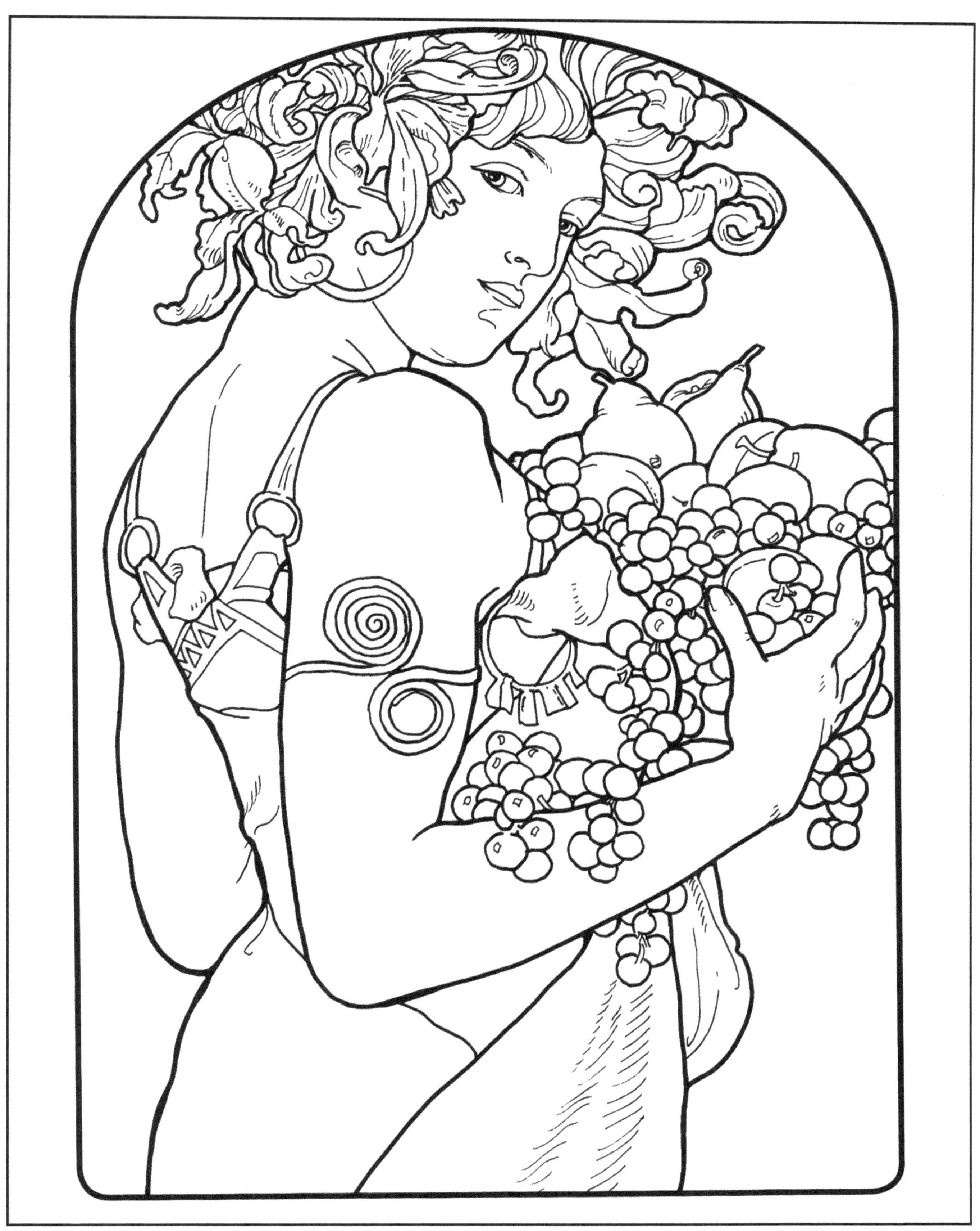

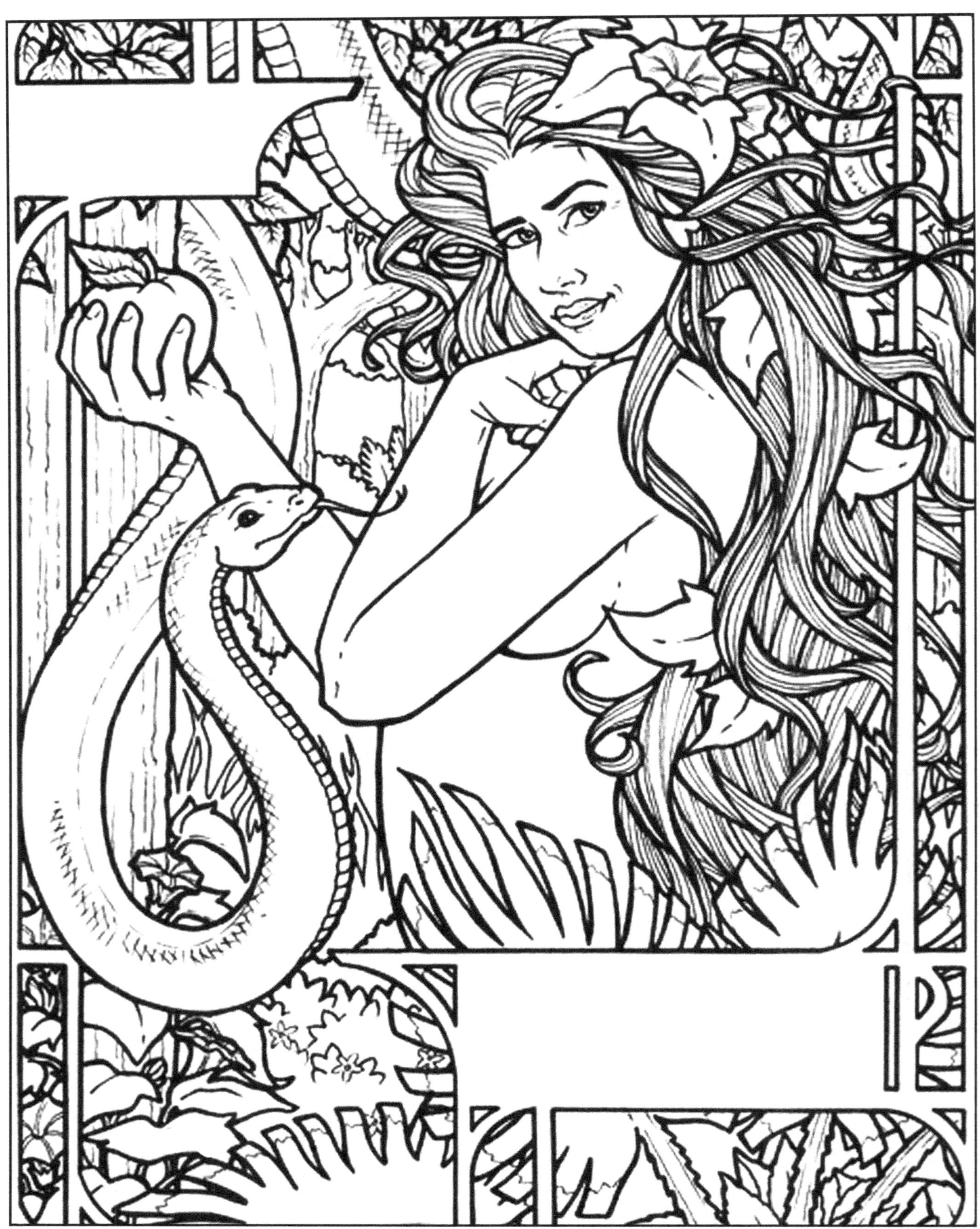

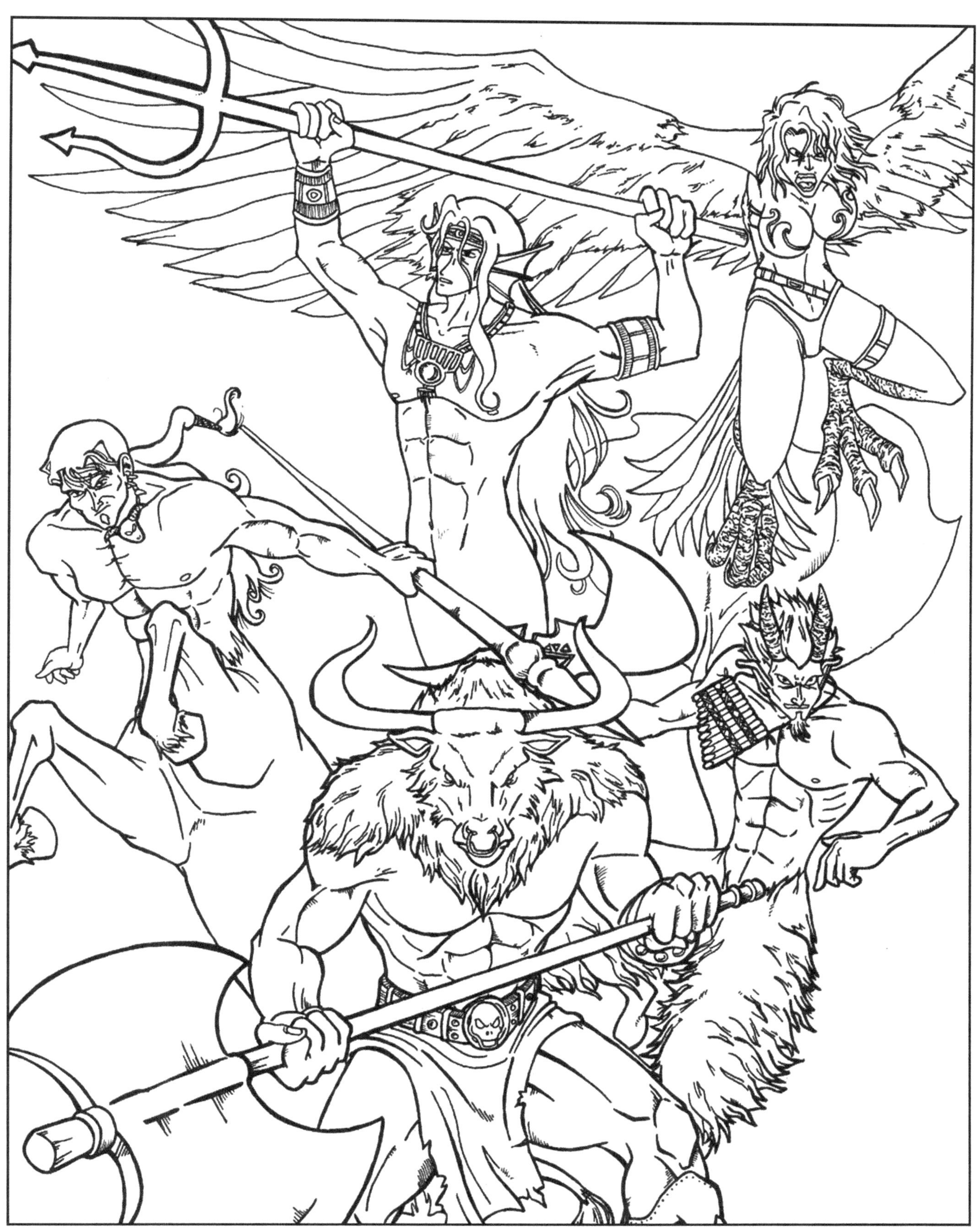

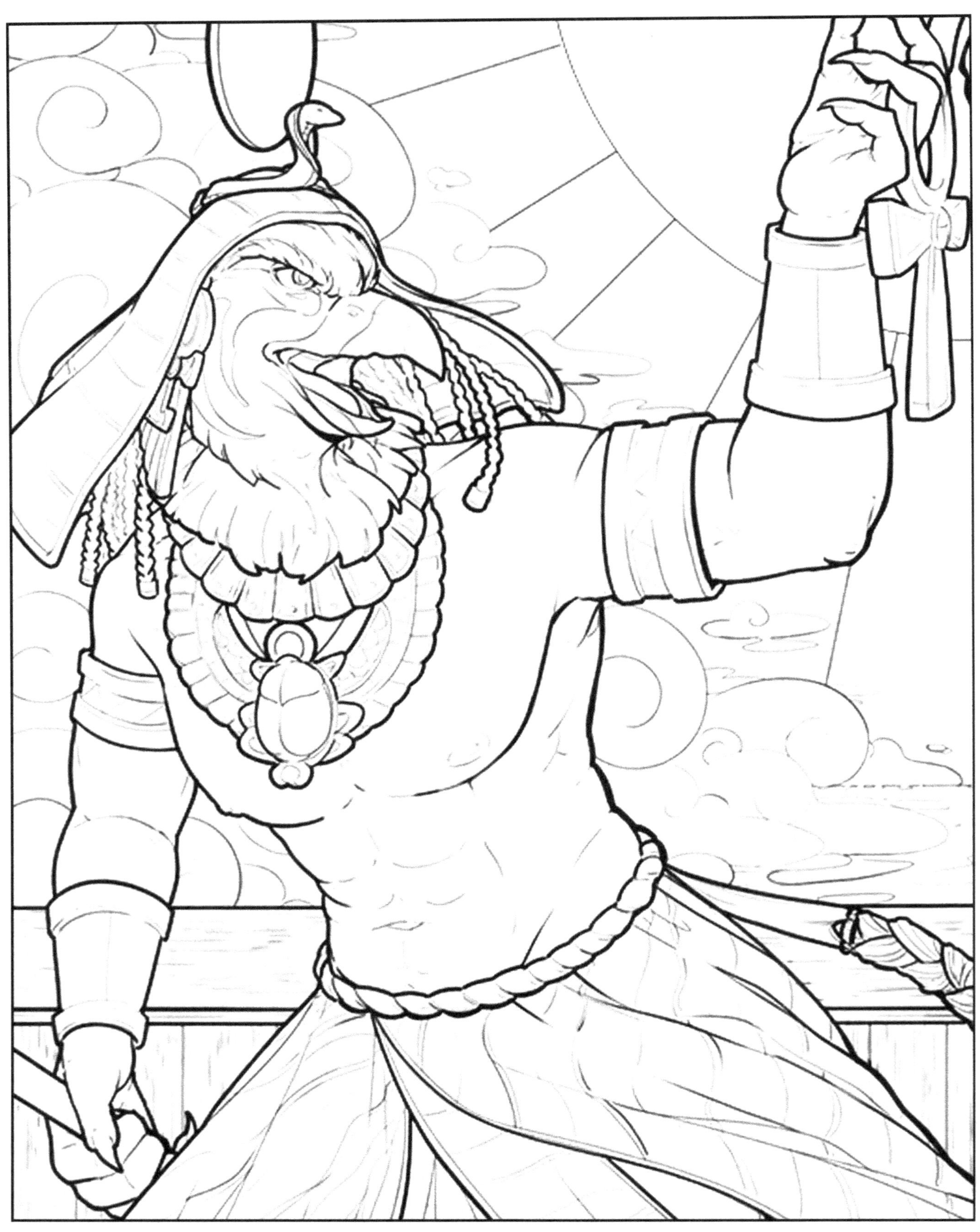

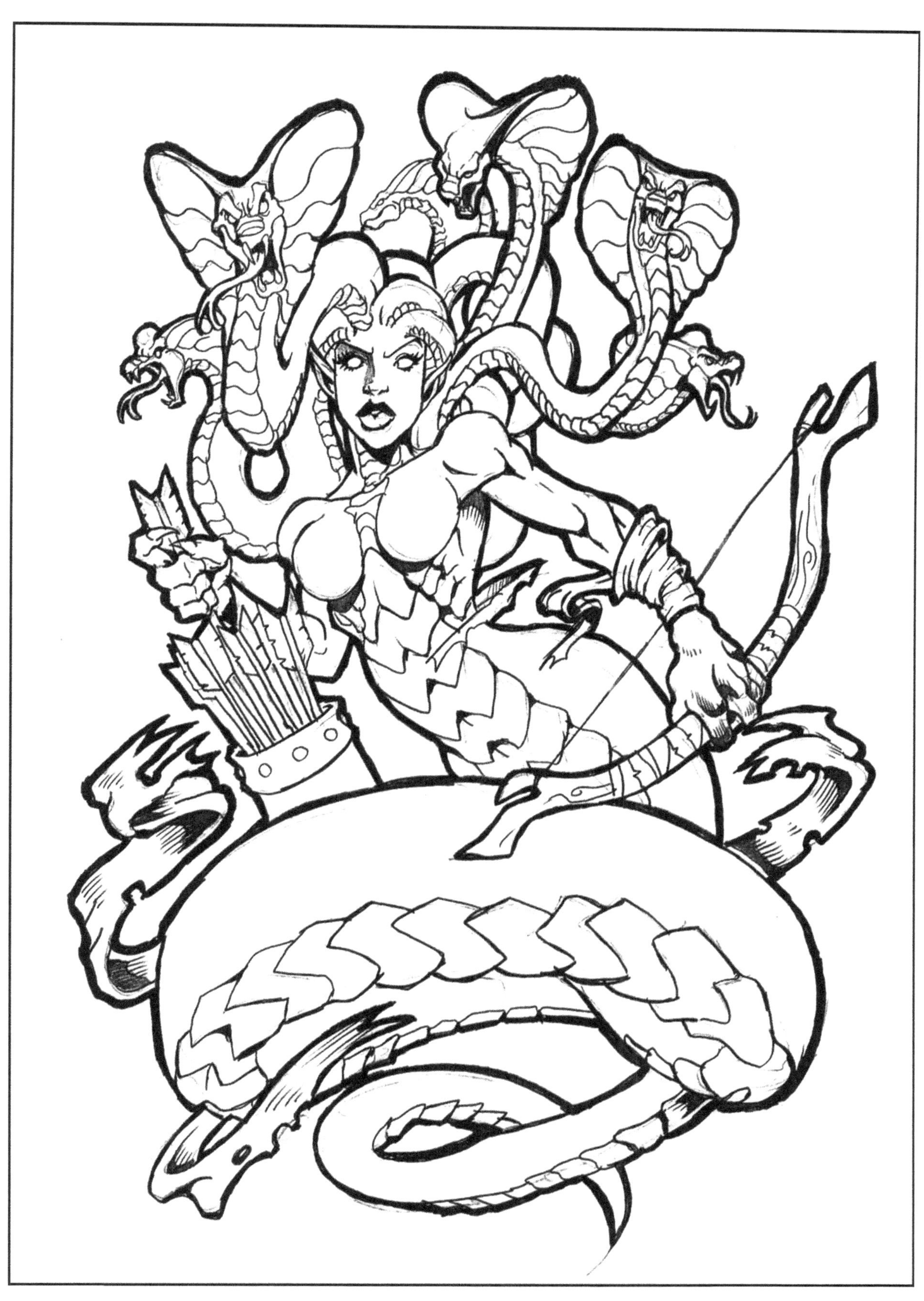

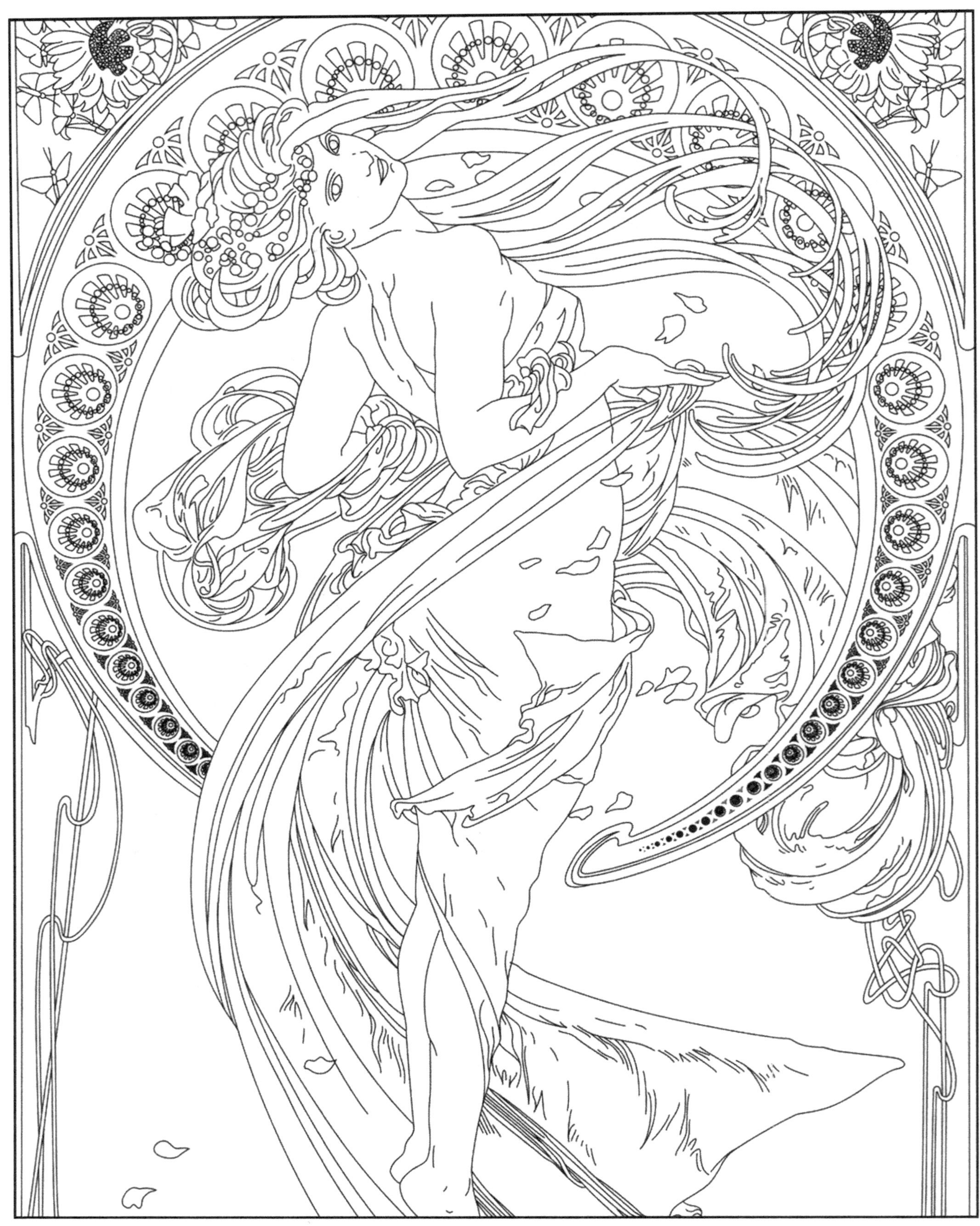